교육이 있는 학교
교육이 없는 학교

교육이
있는
학교

이
강년 지음

교육이
없는
학교

 지식너머

이 책을 소개하기에 앞서 먼저 나에 대한 소개를 하고 싶다.

나는 30여 년간 중소기업을 경영해온 기업인이며 지금도 회사를 경영하고 있다. 2010년부터는 50여 년 전 아버지께서 설립하신 대전 대신학원의 이사장 직을 맡게 되었는데. 회사에서 경영자가 하는 일은 경영전략을 수립하고 직원들을 교육한다는 점에서 학교와 비슷한 면이 있다.

아시는 바와 같이 사립중고등학교 이사장 직은 월급도 없고 판공비도 없다. 오로지 교육을 위해 자기 돈을 투자해가며 순수하게 봉사하는 직책이라 직업이 아니다. 그렇지만 기왕에 내가 책임을 맡기로 했으니, 제대로 하고 싶었다. 그래서 실제로 학교에서 교육은 어떻게 하는지 배울 겸, 몇 달 동안 주의 깊게 살펴보았다.

그런데 아무리 봐도 교육은 보이지 않았고, 교사들은 대학 입시 준비에만 올인하고 있는 듯했다. 아니, 대학 입시를 위한 지식교육을 교육의 대부분으로 인식하고 있었다. 교육은 행복한 삶을 영위하도록 하는 것이라 믿었던 내 생각은 완전히 빗나가고 말았다.

전인교육이 중요하다고 하면서 정작 인격 형성에 큰 영향을 미치는 운동은 시키지 않았고, 영양 상태가 좋은 아이들은 키는 컸지만 자세가 삐뚤어져 있었으며, 청소를 시키는 사람이 없어 학교는 구석구석이 지저분했다. 교육을 잘하기 위해 교사들끼리 토론을 얼마나 하느냐고 물었더니 수십 년 동안 교육을 위한 토론회는 단 한 번도 없었다고 했다. 교육 목표가 뭐냐는 질문엔 좋은 대학에 많이 보내는 것이 목표라고 대답했다. 인성교육은 어떻게 하느냐 물었더니 대답을 못 했다. 아이들이 잘못을 하면 훈계하고 야단치는 것이 전부였다.

2010년 당시 동아일보에서 실시한 학생들의 학교 만족도 조사에서 대전 대신고는 전국 1200여 개 고교 중 960위였다. 그렇게 형편없는 순위가 나왔는데도 교사들은 우리 학교를 명문 고교로 여기고 있었다.

그래서 다른 명문 학교들은 어떻게 교육을 하고 있는지 배우기 위해 20여 개 학교를 견학 다니며 그 학교 이사장, 교장들과 상담도 해보았다. 하지만, 모두가 그런 것은 아니라 해도, 대부분의 학교들은 입시 성적을 올리는 데 여념이 없었고 정작 교육의 본질에 충실한 학교는 찾아보기 어려웠다. 교육은 지식을 전달하고 암기하는 것이 아니고 생각능력을 키워서 자율적으로 자기 삶을 설계하고 자신의 목표에 맞는 공부를 스스로 하도록 하는 것인데 밖에서도 우리 대신 학원 안에서도 교육의 본질을 찾을 수 없었다.

나는 학교 교육을 바로 세우지 않으면 조만간 사회로부터 외면을 당하겠구나 하는 생각이 들었다. 그래서 본격적으로 교육 방향을 바꾸기 위해 선생님들에게 서울 대학교에 한 명도 못 보내도 좋으니 인성교육에 초점을 맞추어 교육을 하자고 제안했다. 학교의 교육 목표도 "행복한 학교"로 정했다. 교육은 아이들을 행복하게 하기 위한 것이어야 하고 학교는 학생, 학부모, 교사를 모두 행복하게 만드는 기관이 되어야 하며 꼴찌하는 학생도 행복해야 한다는 취지였다.

인성교육이 잘되면 공부도 잘하게 된다는 믿음으로, '생명을 살리는 교육' 프로그램을 만들었다. 교사가 아이들에게 하는 말은 사랑의 말, 긍정의 말, 즉 부정의 말이 아니고 생명으로 이르는 말이어야 하는 이유를 설명하고 교사들을 독려했다.

학교에 쓰레기 분리 시스템을 구축하고 청소를 시작했다. 아이들의 삐뚤어진 자세를 바로 잡기 위해 차밍스쿨Charming School이라는 자세 교정 프로그램을 만들어 자세 교정을 시작했다. 바른 자세의 시작은 웃는 얼굴인데 아이들은 그걸 너무도 잘 이해했다. 밝은 미소가 교정을 채우기 시작했다.

학교의 모든 행사는 교사가 아닌 아이들이 주관하도록 했다. 졸업 앨범도 사진관에 맡기지 않고 아이들이 기획하게 하니 내용이 다양해지고 두꺼워졌다. 비용도 기존의 절반으로 줄어들었다. 아이들은 학교 행사를 주관하게 해도 너무나 잘해냈다.

올바른 교육이 무엇인지 찾기 위해 교사들과 대화를 시작했고 교육개혁 특강과 토론회를 수시로 열었다. 하지만 교사들의 반응은 싸늘하기만 했다. 달걀을 들고 바위를 치는 것 같은 분위기에, 그 어떤 이야기도 먹히지 않았다. 돌아온 반응은 "이사장의 말이 틀린 것은 아니지만 대학 입시에 직면해 있는 현실을 이해하지 못해 그런 엉뚱한 소리를 한다"였다. 그래도 교육개혁 특강과 토론회를 멈추지 않았다.

그리고 3년이 흘렀다. 표면적으로 교정이 깨끗해진 것 빼고는 변한 것은 아무것도 없어 보였다. 그럼에도 불구하고 그동안 그렇게 바위처럼 단단했던 교사들의 교육에 대한 고정관념이 밑바닥부터 조금씩 바뀌고 있다는 것을 어렴풋이 느낄 수 있었다.

그리고 아이들이 학교생활을 행복해하기 시작했다는 것도 알게 되었다. 대전 대신학원에 혹독한 겨울이 지나고 얼음 녹는 봄의 소리가 들려왔다. 비로소 선생님들이 교육의 본질을 이해하고 실천하기 시작한 것이다. 학교에 다니는 것이 행복하고 즐겁다는 학생들이 많아졌다. 2018년 교과부에서 인터넷으로 시행한 학교 만족도 설문조사에서 학생 만족도 88%, 학부모 만족도 94%라는 결과가 나왔다. 대학 입시 결과도 놀라울 정도로 좋아졌다. '인성교육이 제대로 이루어지면 공부는 아이들이 스스로 하게 된다'는 믿음에 대한 확신을 갖게 해주는 결과였다.

이제 막 교육개혁을 시작한 대전 대신학원은 아직도 넘어야 할 산이 많다. 하지만 시작이 반이라고 앞으로는 기독교정신으로 무장한 우리 학교 선생님들이 교육개혁을 진취적으로 지속해나갈 것이라고 믿는다.

나라가 발전하려면 교육제도가 잘 갖추어져야 하는데 그러려면 세계의 선진국들이 어떻게 교육을 하는지 잘 살펴볼 필요가 있다.

세계 1위 교육 국가라는 핀란드도 우리처럼 평등교육을 매우 중요하게 여기고 있다. 핀란드에서는 '인간은 모두 개성과 특성이 다르므로 각 학생에 맞는 교육을 평등하게 시켜서 모두 다른 사람들을 만들어내는 것'이 평등교육의 목표라고 말한다. 그래서 획일적인 시험으로는 개인의 능력을 평가할 수 없다고 단언한다.

우리나라의 교육정책 당국자들이나 일부 시민단체에서는 획일적인 교육을 평등교육이라고 생각하고 있으며 개성과 특성이 다른 아이들을 획일적인 평가 잣대에 맞춰 줄을 세운다. 핀란드 평등교육과는 정반대의 개념인 것이다.

좌우로 나뉘어 이념적 잣대로 교육을 바라볼 것이 아니라 어떤 평등이 옳은 것인지 다시 분석해보고 교육의 본질을 찾아야 한다. '교육은 경쟁을 가르치는 것이 아니고 협력을 가르치는 것'임을 잊으면 안 된다.

이렇게 교육개혁을 추진해나가면서 얻은 경험과 생각들을 교육에 관심이 있는 많은 교사들과 학부모, 교육정책 당국자들과 공유하면서 잠시 잃어버렸던 진정한 교육에 대한 열망에 불을 지펴, 모든 학교들이 진정한 교육이 있는 학교가 되기를 바라는 마음으로 부족하지만 이 책을 낸다. 내용 중에 중복되는 표현들이 있지만 반복해야 개념이 더 뚜렷해질 것 같아 그대로 두었다.

이 책을 낼 수 있도록 용기를 주신 하나님께 감사드리며, 옆에서 "뭘 그런 걸 쓰냐"며 핀잔을 주면서도 열심히 교정을 해주고 물심양면으로 도와준 아내에게도 고마움을 전한다. 자신들의 학창시절 여러 경험들을 이야기해주고 아이디어를 준 두 아들 성재, 인재, 책을 무사히 출판할 수 있도록 여러모로 도와주신 출판사 김경섭 본부장님, 그리고 여러 정보와 조언을 주신 대신중학교 강정헌 교장, 대신고등학교 김신정 교장 선생님, 나의 교육관을 지지해주고 격려해주신 이광형 카이스트 부총장님께도 감사의 마음을 전한다.

3장 학교와 교사의 역할

4장 교육정책을 위한 제언

1장

우리의
교육 현실

교육이 사라진 학교

2016년 가수 한대수 씨는 59세에 얻은 늦둥이 딸의 교육을 위해 미국 뉴욕으로 이사를 간다고 했다. 한 씨는 "나도 아내도 딸도 한국을 너무나 좋아하지만, 하나밖에 없는 딸을 한국 학교에서 교육시키는 것을 포기했습니다. 아홉 살 난 딸 양호를 미국 공립학교에 보내기 위해서인데, 더 나은 교육을 받게 하러 가는 것이 아닙니다. 한국 학교의 이상한 교육을 받지 않게 하려는 것뿐입니다"라고 말했다.

그러면서 한대수 씨는 교육의 목적은 아이들을 행복하게 만드는데 있어야 한다고 강조한다. "초등학교 때는 마음껏 놀고 인성과 인품을 바르게 키워갈 수 있도록 가르쳐야 하고 타인의 생각이나 감정을 이해할 수 있는 능력, 즉 엠퍼시empathy를 가르쳐야 합니다. 그런데 우리나라는 초등학교 때부터 공부라는 것이 지식을 축적하기 위한 공부, 외우는 것밖에 안 가르쳐요. 그러니까 어른이 되어도 정치적, 종교적 이슈를 두고 토론할 줄 모릅니다. 인간은 개성이 다르기 때문에 너와 나의 생각이 다를 수 있음을 초등학교 때 가르쳐야 하는데 맨날 '1 더하기 1은 2'만 외우게 하지요. 그건 바른 교육이 아닙니다."

권위주의 시대가 지났는데도 하나도 변하지 않은 한국의 교육 현실 때문에 할 수 없이 대수 씨는 다시 뉴욕으로 향했던 것이다.

2013년 학교를 떠난 청소년 학생 수가 28만 명이다. 학교에 적응하지 못하고 튕겨져 나간 학생들이 4%라고 하지만 학교에 머물기는 해도 적응하지 못하는 아이들까지 포함한다면 아마 30%가 훨씬 넘을 것이다. 매년 그 수는 점점 늘고 있는 추세다.

그 이유는 간단하다. 공부를 잘해야 행복해진다는 착각으로, 입시 위주의 지식교육에 치중하다 보니 학교가 아이들을 행복하게 하지 못하기 때문이다.

2015년 한국의 만 15세 학생 삶의 만족도는 48개국 중 47위, "삶에 만족하지 못한다"고 답한 학생들은 21.6%에 달한다. 터키에 이어 꼴찌에서 두 번째다. 이 중 75%는 시험 성적이 낮을까 봐 걱정한다. 경제협력개발기구OECD가 처음으로 실시한 학생 행복도 조사에서 '삶에 불만족'한다고 응답한 한국 학생의 비율은 OECD 국가 중 최고 수준인 것으로 나타났다. OECD가 19일 공개한 '국제 학업성취도 평가PISA 2015-학생 행복도' 조사 결과에 따르면 만 15세 한국 학생의 21.6%가 '삶에 만족하지 못한다'고 응답했다.

이처럼 우리나라 학생들 삶의 만족도가 낮은 이유는 무엇일까? 교육의 목표가 행복에 있지 않고 성적에 있기 때문이다. 아이들이 행복해지면 꿈이 생기고 그 꿈을 위해 자발적으로 공부를 하는데, 성적이 목표가 되면 꿈은 사라지고 성적에 끌려가는 것이기 때문에 행복하지가 않다.

기성세대의 안이하고 낡은 교육시스템으로 우리의 보물이자 미래인 아이들의 희망과 꿈을 망가뜨리고 있다고 해도 과언이 아니다. 학교는 아이들을 사랑으로 교육하는 곳이다. 사랑은 아이들의 영혼을 일깨우는 것이다. 지식교육도 사랑을 듬뿍 준 뒤에 할 수 있는 것일 뿐이다. 그러므로 교사와 부모는 아이들에게 희망과 꿈을 이야기할 수 있는 환경을 만들어주고 자신들의 꿈을 가꾸도록 도와주어야 한다.

전인교육이 없는
교육기관

2010년 내가 대전 대신학원 이사장으로 부임을 하였을 때 고등학교 시간표를 보니 1학년만 일주일에 2시간씩 체육시간이 있었다. 2, 3학년은 체육시간이 아예 없고 그 시간에 다른 수업을 하고 있었다. 왜 그런지 물었더니 입시 준비 때문에 그렇게 한다는 것이었다.

하루 중 일정 시간 규칙적인 운동을 해야 청소년기의 성장 발육이 원활할 뿐 아니라 건강한 생활리듬이 생겨 밤에 잠도 잘자고 두뇌도 발달한다고 알고 있었던 나로선 이해하기 어려웠다. 그래서 2, 3학년의 체육시간을 부활시키고 하루에 한 시간씩은 운동을 할 수 있도록 야간 자율학습시간을 이용해 체육시간을 늘렸다. 청소년 시절에 운동습관을 만드는 것은 평생의 건강을 보장하는 습관을 만드는 것이니 매우 중요하다. 행복한 삶을 영위하려면 첫째가 건강이다. 건강하지 못하면 삶에 대한 의욕도 약해지고 건전한 생각을 하기 어려우며 미래에 대한 도전정신도 발휘하기 어렵다. 그래서 선진국에서는 교육 중에 가장 중요시 하는 것이 '체육'이다.

선진국 교육의 기초를 이루고 있는 전인교육에 대해 먼저 간략하게 소개해본다.

영국의 경험론 철학자이자 정치사상가인 존 로크John Locke(1632~1704)는 1695년 교육에 관한 글을 출판하였다. 'Some Thought about Education'란 제목의 이 책은 우리말로도 '존 로크의 교육론'이란 제목으로 출간되었는데 그 속에 전인교육에 대한 얘기가 나온다.

이 책에 대하여 우리가 깊이 관심을 가져야 할 것이 두 가지 있다. 첫째는 300여 년 전에 쓰여진 이 책이 아직도 영국 교육의 기초를 이루고 있다는 점이다. 우리나라의 경우로 말하자면 이퇴계 선생, 이율곡 선생, 정약용 선생이 주창한 교육사상이 지금까지 우리 교육의 기초를 이루고 있다는 말과 같은 얘기다. 정권이 바뀔 때마다, 교육부 장관이 바뀔 때마다 변하는 우리의 교육제도에 비하면 기적 같은 이야기다. 교육을 하는 기본 정신을 잊지 않고 유지하고 있는 것이다.

둘째는 책의 첫 번째 장이 체육에 관한 것이라는 점이다. 교육의 첫 출발을 학생들의 체력 증진에 두고 있다. 2장에서 19장까지는 인성교육에 관한 내용이다. 그리고 20장에 가서야 학습에 관한 내용을 다루고 있다. 이런 순서가 중요한 것은 교육의 우선순위를 체體, 덕德, 지智 순서로 한다는 점이다. 300년 전 존 로크가 주장한 순서에 따라, 영국의 교육은 체육을 우선시하고 다음은 학생들의 인성을 높이는 덕육德育에 둔다.

그리고 지식 공부는 세 번째다. 지, 덕, 체의 순서로 교육하고 있는 우리와는 정반대인 셈이다.

그런 순서로 교육하는 영국의 대표적인 명문 고교로 이튼 컬리지가 있다. 이튼 컬리지는 체육을 가장 중요시하고, 다음으로 학생들의 품성을 기르는 덕육을 하며, 지식교육은 맨 마지막에 둔다.

또한 이튼 컬리지는 고교임에도 불구하고 지금도 군사교육을 정식 과목으로 가르치고 있다. 그래서 전쟁이 나면 이튼 출신들은 제일 먼저 군대에 자원하여 나라를 위해 최전선으로 출정하는 전통을 가지고 있다. 300여 년 전 로크에서 시작된 교육론이 아직까지 이어지고 있는 점은 우리가 깊이 되새겨 보아야 할 내용이다.

이처럼 전인교육이란 '체體, 덕德, 지智가 조화롭게 도야된 인간을 교육하는 것'을 말하며 체·덕·지가 조화된 인간을 양성하는 목적은 민주사회의 민주시민 양성과 개인의 자아실현을 위함이다. 이렇게 전인교육을 주장한 존 로크는 특히 체육이 가장 중요하다고 주장하였으며 "건강한 신체에 건전한 정신이 깃든다"는 유명한 말을 남겼다.

많은 이들이 체육 활동을 단지 육체를 건강하게 만드는 것으로 생각하지만 사실은 두뇌를 발달시키는 데 더 중요한 역할을 한다. 임상실험 결과에서도 운동을 규칙적으로 한 사람이 하지 않은 사람에 비해 훨씬 이해력이나 학습 진도가 빠르다. 실제 사람의 두뇌가 존재하는 이유도 움직이라는 명령을 내리기 위함이므로 적극적인 체육활동은 두뇌를 발달시킨다.

또한 운동은 스트레스를 풀어주고 정신을 맑게 하기 때문에 정신건강에 좋으며 인격 형성과 대인관계에도 좋은 영향을 미친다. 긍정적인 생각을 갖게 하는 효과도 있다. 운동선수들이 성격이 좋고 인내심이 많은 이유도 여기에 있다.

현대 교육 초기에는 주입식 교육의 문제점들이 많았다. 때문에 전인교육으로 '학문 중심 교육과정'을 보완하고, 인간 소외 현상을 예방하는 '인간 중심 교육과정'으로 가는 것이 지금 교육의 핵심 과제이다.

많은 언론들이 청소년들의 게임 중독이 심각한 폐해를 낳고 있다고 지적은 하지만 그것에 대한 예방책은 제시하지 못하고 있다. 하지만 생각해보면 아주 쉽다. 매일 일정 시간 운동을 규칙적으로 시켜주면 핸드폰을 쥐어줘도 졸려서 밤새고 오락을 할 수가 없다.

운동은 스트레스를 풀어주며 건강한 생활리듬을 만들어주기 때문에 어렵지 않게 게임 중독에서 벗어날 수 있다. 담배, 술, 마약, 게임 등 청소년들을 중독시키는 위험한 것들이 세상에 너무도 많다. 심지어 일상적인 음식도 지나치면 비만으로 이어진다.

기성세대들이 청소년을 중독시킨다고 못 하게 막고 있는 게임은 이제 전 세계 젊은이들이 열광하는 세계적 e스포츠로 발전하여 커다란 게임산업 비즈니스 모델을 만들었으며 젊은이들의 일자리를 새롭게 창출해가고 있다. 세계 최고의 롤 프로게이머 페이커(본명 이상혁)의 연봉이 30억 원 정도라 하니 웬만한 운동선수들보다 높은 수준이다. 무조건 못 하게 막을 것이 아니라 운동하는 좋은 습관을 갖도록 유도함으로써 스스로 게임 중독을 극복할 수 있는 능력을 키워주는 것이 중요하다.

미국이나 유럽 선진국에서는 게임 중독이 사회문제화되지 않는 이유는 청소년들에게 운동을 열심히 시키기 때문이다. 그러므로 게임 중독 문제의 원인은, 공부해야 한다고 운동을 열심히 안 시키는 학교 교육에 있는 것이며 그것을 이해하지 못하는 기성세대의 무지와 진부한 의식이 진정한 문제이다.

운동은 나날이 늘고 있는 청소년 범죄, 도덕 불감증 현상을 극복하기 위한 대안으로도 활용되고 있다. 말로만 전인교육이라고 외치면서 지식 암기 위주의 교육을 하고 있는 우리나라의 왜곡된 상황은, 깊이 반성해야 할 현실이다.

이상과 같이 대부분의 공교육기관들이 전인교육이 중요하다고 말은 하지만 전인교육을 재대로 아는 교사는 거의 없다. 일선의 교사들도 균형 잡힌 인간을 만드는 것이라는 정도로 추상적으로 알고 있을 뿐 전인교육이 뭔지 알지 못하므로 제대로 이행하지 못하고 있는 것이 우리 교육의 현실이다.

우리나라 교육기관들은 전인교육이나 인성교육이 중요하며 자율성과 책임감을 길러주어야 한다고 하고, 또한 창의성교육을 해야한다고 입을 모으고 있지만 정작 교육 현장에서는 선생님들이 그런 교육을 어떻게 해야 하는지 잘 모른다. 현역 교사들에게 전인교육을 어떻게 시키느냐고 질문하면 정확하게 대답하시는 분들이 거의 없었다. 자율성과 책임감을 어떻게 키워주느냐고 물었을 때도 명확한 대답을 들을 수 없었다.

결론적으로 우리나라의 중고등학교에 교육은 없고 입시 준비만 있는 것이 입증된 셈이다. 교육은 입시를 위한 것이 아니며 취직을 위한 준비 과정도 아니다. 건강하고 올바른 품성을 지닌 균형 잡힌 민주시민을 만들어내는 것이 교육의 진정한 목적이다.

따라서 이제라도 전인교육을 제대로 이해하고 그 원리에 맞는 체體, 덕德, 지智 순서의 교육을 실천해야 한다. 그러려면 우선 학교에서 체육교육을 중시하고 수업 비중을 늘리기 위해 체육교사의 자리를 늘려야 한다. 그 다음 다양한 인성교육 프로그램들을 가동해야 하며, 마지막으로 비로소 학습교육을 해야 하는 것이다.

전인교육은 아이들이 건강해지게 하고 질병에 대한 저항력도 높여주므로 국민건강이 증진되는 효과도 있을 것이다.

문제아를 줄이는
교사 임용제도 개선

한국 청소년 행복지수 OECD 회원국 중 꼴찌

연세대 사회발전연구소 염유식 교수(의료사회학)팀이 발표한 〈2016 제8차 어린이·청소년 행복지수 국제비교연구 보고서〉를 보면, 우리나라 청소년의 주관적 행복지수는 82점으로 조사 대상인 OECD 회원국 22개국 가운데 가장 낮았다. '주관적 행복지수'란 자신이 생각하는 행복의 정도를 OECD 평균(100점)과 비교해 점수화한 것이다.

연구팀은 지난 3~4월 전국 초등학교 4학년~고등학교 3학년 학생 7908명(초등학생 2359명, 중학생 2538명, 고등학생 3011명)을 대상으로 학교생활 만족도, 행복감, 건강 상태 등 각 항목의 행복지수를 조사했다.

우리나라는 2009년 첫 조사 이후 2014년까지 60~70점 대를 기록해 6년 연속 최하위였다가 지난해 90.4점(19위)으로 처음 꼴찌를 면했는데, 올해는 다시 최하위로 주저앉았다. 올해 주관적 행복지수는 스페인이 118점으로 가장 높았고 오스트리아·스위스가 113점으로 그 뒤를 이었다.

이렇듯 한국 학생들의 행복도는 OECD 중 꼴찌를 기록하고 있고, 상습적 문제 행동을 하는 학생도 전국에 178만 명이나 된다는 통계가 있다. 이런 위기 학생 중 일부는 교사가 아이들을 위기로 내몬 경우로 밝혀졌다.

그런 위기의 학생은 겉으로 드러난 숫자일 뿐, 큰 말썽 없이 수업을 외면하는 학생까지 합하면 사실상 그 숫자는 더 늘어날 것이다. 이는 우리나라 교육제도에 대한 학생들의 이유 있는 반발과 저항이라 생각한다. 우리 자녀들이 이 같은 교육환경에서 정신병자가 안 되고 버티는 것만도 대견하다는 생각이 든다.

이제는 왜 이런 현상이 지속되고 있는지 살펴봐야 한다. 교육의 목적은 아이들을 행복하게 하는 데 있다. 그러나 우리 학부모나 교사들은 아이들을 좋은 대학에 들여보내야 행복해질거라는 착각에 빠져 있다.

학교는 아이들의 꿈을 키우고 행복을 만드는 곳이어야 한다. 그 속에는 관용이 있고 격려가 있고 헌신적인 사랑으로 이루어지는 관심과 상담이 있어야 한다. 희망을 만드는 인성교육이 선행되어야 지식교육도 실효를 거둘 수 있다. 그러나 현실은 그렇지 못하다.

아이들이 행복해야 꿈도 꿀 수 있다. 꿈을 꾸어야 열정에 불이 붙고 자발적인 학습이 이루어진다. 인성교육이란 것이 학교에서 아이들이 잘못을 저지르면 야단치고 혼내는 것이 전부라면 학교는 그 책임을 다하지 않는 것이다. 나쁜 버릇을 어쩔 수 없다고 방임을 한다면 그 또한 교육을 한다고 할 수 없다.

사람의 그릇이 잘 만들어져 있어야 지식도 담을 수 있지 않겠는가. 학교에서 아이들에게 문제가 있다면 먼저 교사들이 그 원인이 무엇인지 잘 살펴야 한다.

아이들이 문제를 일으킬 때는 크게 두 가지 유형으로 나누어볼 수 있다. 하나는 단순히 치기 어린 장난에서 발생하는 것, 또 다른 유형은 본인이 괴로운 환경 속에 있다 보니 자신도 모르는 사이에 잘못된 습관이 만들어져 스스로를 컨트롤하지 못하는 경우다.

이 두 가지 유형이 교사가 직접 유발한 것은 아니라 해도, 변화를 이끌지 못하는 것은 교사가 섬세하게 관찰하지 못하고 올바로 인도하지 못했기 때문이다. 아이들이 반복적으로 잘못을 저질렀을 때 야단만 치지 말고 그런 일이 왜 자꾸 반복되는지 그 원인을 잘 살펴보면 올바른 처방도 생각해낼 수 있다. 그 원인을 스스로 제거하거나 극복하게 도와주면 아이들은 좀 더 책임감을 가지고 행동하게 되며, 자존감도 회복된다.

그래서 교사의 역할 중 지식 전달보다 더 중요한 것이 바로 '관심과 상담'이다. 모든 학교가 다 그렇다고 할 수는 없지만 최근 학교 폭력, 왕따, 자퇴 사건들이 빈번히 발생하고 연일 신문에 보도되는 것을 보면 학교 내의 구성원들(교사, 학생, 학부모)간에 풀리지 않는 어려움이 있다는 얘기이다.

그 풀리지 않는 어려움이란 무엇인가? 교사들이 교육의 진정한 목적을 잊어버렸고 교사의 역할을 착각하고 있는 것이다. 교사는 사회의 일반 직장인과는 그 신분이 다르다. 'Teacher'란 단어는 지도자란 뜻의 히브리어 어원에서 유래했다. 이렇듯 교사란 매우 귀한 직업이며 지도자의 책무가 있는 역할인데 정작 교사들은 그것을 잘 모르고 있는 것 같다.

현장의 교사들이 힘들어하는 이유

"교육현장에서 교사들이 더욱 힘들어하는 이유는 교사가 되기 전에 학생에게 가르칠 '내용'은 많이 배웠지만, 지식을 학생들에게 어떻게 전달할지 그 '방법'에 대해서는 배우지 못한 채 현장에 투입됐기 때문"이라고 말한다. 교육 현장은 급변하고 있는데, 교사를 배출하는 사범대와 교대의 교육과정이 이론에 치중되어 있고 인간에 대한 이해, 학생과 소통하는 법, 학부모를 대하는 법 등 인간관계를 형성하는 법과 인성을 기르는 방법은 소홀히 하고 있는 것이다.

조벽 교수는 "예비 교사 시절부터 인성을 기르고 학교 현장 경험을 많이 하도록 해 아이들과 소통할 수 있는 교사들을 길러야 한다"며 "그것이 학생도 교사도 모두 행복해질 수 있는 길"이라고 말했다. 교사가 지식이 많다고 아이들을 잘 가르치는 것이 아니다. 지식교육은 교육의 극히 일부에 지나지 않는다. 아이들이 행복하게 꿈을 꾸는 청소년으로 만들어야 비로소 지식교육도 시작될 수 있는 것이다.

교사 교육 및 채용 제도

교사들에게 교생 실습 때부터 인성교육을 경험하게 하는 것은 이미 늦은 것이다. 교사 교육프로그램에서부터 인간에 대해 이해를 높일 수 있는 교육심리, 발달심리, 상담심리 등의 심리학을 부전공으로 익혀 아이들을 충분히 이해한 상태에서 교육을 할 수 있는 환경을 제도적으로 만들어야 한다. 교생 실습은 배운 인성교육을 실천하는 경험을 쌓는 것이어야 한다.

교사의 역할 중에 지식 전달이 가장 중요하다고 생각하는 교사들이 많은 것 같은데 나는 교사의 가장 중요한 역할은 사랑과 관심을 가지고 아이들을 관찰하고, 상담Consulting해주는 것이라 생각한다.

아이들의 자존감을 살리고 꿈을 꾸게 하기 위해선 인성교육을 우선해야 한다. 인성교육이란 칠판에 써가며 도덕교육을 하는 것이 아니고, 진심으로 사랑과 관심을 가져주는 것이며 '아이들은 사랑받기 위해 태어난 존재'라는 것을 느낄 수 있도록 해주는 것이다. 따라서 기존의 교사 양성 프로그램은 대폭 수정되어야 하며, 학력으로만 교사를 채용해서는 안 된다. 자질과 인성 평가가 반영되어야 한다.

외국 축구단의 명감독들을 보면 과거 선수 시절 유명했던 스타 선수보다 다소 능력이 부족했던 이들이 더 많다. 그 이유는 자신이 축구를 잘했던 사람은 못하는 사람의 마음을 이해하지 못할 수 있기 때문이다.

자기가 공부를 잘했다고 더 잘 가르치는 것이 아니다. 오히려 학창시절 공부에 어려움을 느꼈던 교사가 아이들을 더 잘 이해할 수 있다. 따라서 교사를 선발할 때는 성적 50%, 교사의 자질 평가가 50%가 되어야 한다. 교사는 아이들의 마음을 잡아주고 위로하며 그들을 격려해주는 것이 가장 중요하며 그런 교육이 입시 위주의 교육을 진행하는 것보다 효율이 더 높다.

교사란 직업은 인격 형성이 덜 된 아이들을 교육하고 인도하는 것이므로 결코 쉬운 일이 아니다. 중고등학교의 어린아이들은 가치관이 형성되는 시기여서 더욱 교사들의 역할이 중요하다. 그래서 임용에 신중해야 한다. 일단 교사로 학교에 취직이 되면 퇴직할 때까지 평생 아이들과 함께 해야 할 선생님이 되기에 더욱 그렇다.

요즘 일반 회사들은 좋은 직원을 선발하기 위해 많은 노력을 기울이고 있다. 입사가 결정되었다 하더라도 곧 바로 정식직원이 되는 것이 아니라 3개월에서 1년 정도의 인턴 과정을 거쳐야 비로소 정식 직원이 된다.

하지만 학교가 교사를 뽑는 데는 그런 인턴제도가 없다. 짧은 시간에 선정을 해야 하기 때문에 좋은 선생님을 구별하기가 어렵다. 또한 입교를 하면 문제가 있어도 퇴교 시킬 수가 없다. 교사로 취직이 되면 거의 평생 직장을 얻는 것이며, 급여는 물론, 죽을 때까지 지급되는 교원 연금까지 계산한다면 대기업에 못지 않은 대우를 받는다.

직장으로 치면 매우 훌륭한 직장인 것이다. 그런 훌륭한 직장에 들어가는 것인데 더욱 철저하게 평가해서 훌륭한 선생님을 영입할 수 있는 교사 채용 시스템을 만들어야 한다. 학교는 돈 버는 기관이 아니고 미래의 동량을 길러내는 기관이므로 더욱 그렇다. 결국 훌륭한 선생님이 훌륭한 학생을 길러내기 때문이다.

교사 양성 프로그램에 인간에 대한 이해를 높이는 심리학이 필수로 포함되어야 하고, 정부에서 교사를 임용할 때 성적은 50%, 나머지 50%는 자질과 인성을 평가하는 제도로 바꾸어야 한다. 교사 임용도 일정 기간 검증을 할 수 있는 인턴제도를 통해 선임을 한다면 교육 현장에 훌륭한 선생님들이 더 많아질 것이다. 또한 대학 입시에서도 성적만 가지고 학생을 뽑지 말고 체력, 활동 사항, 자질과 인성을 평가하여 뽑는다면 중고교의 교육제도가 곧바로 정상화될 것이다.

참고로 대신학원의 교사 채용 방법을 소개해본다. 채용 방법은 간단하다. 하지만 내용은 그리 간단한 것이 아니다.

대신학원에서 교사를 선발함에 있어 가장 중요하게 보는 것은 다음과 같다. 첫째는 선생님의 인성적 자질이 아이들을 충분히 사랑할 수 있는가다. 그래서 신앙적 기초가 있는 사람이 유리하다. 둘째 교육이 무엇인지 이해하고 있는가, 셋째는 인성교육과 전인교육을 어떻게 생각하는가이다. 대학교에서의 성적은 평균만 되면 서류전형은 통과할 수 있다. 다만 위의 세 가지 면접 시험을 통과해야 한다. 그리고 마지막으로 수업 실기를 한다.

실력이 있으면 좋지만 그것이 전부는 아니다. 교육을 이해하고 아이들에게 사랑으로 희망을 갖게 하고, 격려하고 상담해주고 아이들에게 학습할 수 있는 환경을 만들어줄 수 있어야 교사로서 기본 자격이 있는 것이다.

교육개혁을 막는
반 개방화 정책

19세기 말 대형 상선과 군함이 발달하면서 세상은 빠르게 좁아져갔고, 나라들은 각자의 다양한 문화와 문물을 교환하며 가까워지기 시작했다. 조선 말기, 조선은 시대의 변화를 읽지 못하고 끝까지 문을 안으로 걸어 잠그고 쇄국정책을 폄으로써, 서양 문물을 배울 수 있는 마지막 기회 마저 배격했다. 끝까지 주자학 이념에 충실하여 실학파를 잡아 가두고 경쟁 없이 우물 안에서 명분론만 주장하다 보니 나라는 점점 쇠약해져갔다. 결국 일찍 문호를 개방한 일본에게 전쟁도 못 해보고 나라를 빼앗기는 수모를 당할 수밖에 없었다. 이것이 우리 구한말 오욕의 역사다.

교육제도도 마찬가지다. 우리나라가 교육의 문제점을 치유하지 못하고 표류하고 있는 이유도 독점과 폐쇄성에 있다. 현재 우리 교육은 우물 안 개구리와 같이 정부가 울타리를 쳐놓고 그 속에서 경쟁을 하는 형국이다. 어차피 지금의 교육시스템은 선진국에서 도입한 것이므로 선진국에서는 어떻게 교육시스템이 변하고 있는지 공부하고 연구하며 우리의 교육제도를 개혁해가야 했다.

우리나라에 세계적인 일류 대학이 적은 이유도 바로 여기에 있다. 교육제도를 개혁할 수 있는 가장 간단한 방법은 '교육 개방'이다. 외국 학교가 자유롭게 한국에 들어와 학교를 세우고 학생을 다양하게 가르칠 수 있도록 해야 한다. 초등학교부터 대학원까지 막아놓은 모든 규제의 울타리를 걷어 치우면 된다. 그러면 외국으로 유학을 가지 않아도 우리나라에서 선진국 수준의 원하는 교육을 받을 수 있을 것이다.

현재 우리의 교육은 외국 학교와 경쟁하게 되면 순식간에 변화될 수 있다. 외국의 선진 학교는 경쟁자이지만 동시에 스승이다. 교육 개방으로 우리 스스로를 글로벌화시켜야 세계적 경쟁력을 지닌 교육기관으로 거듭날 수 있다. 외국 기업도 경쟁자이지만 동시에 우리를 자각시키고 발전하게 만드는 스승이기도 하지 않은가. 과감하게 우물 안 공간의 울타리를 걷어버리고 세계로 나가면 우리 교육도 얼마든지 훌륭하게 변할 수 있다.

세계적으로 급속적인 성장을 한 도시들은 모두 항구도시였다. 수많은 문물과 문화들이 오고 가는 과정 속에서 여러 문화들이 서로 부딪치고, 새로운 정신들이 융합되고 조화를 이루게 되면 사회는 발전하고 번영하여 경제 성장으로까지 이어지는 것이다.

'개방된 나라는 흥했고 폐쇄적인 국가는 망했다'는 것은 만고의 진리다. 중국의 마오쩌둥보다 덩샤오핑이 더 훌륭한 글로벌 리더인 이유는 바로 13억 인구를 가지고 이념 논쟁을 하지 않고 '흑묘백묘론'을 주장하며 쥐 잘 잡는 고양이가 최고이므로 '잘사는 사회주의를 만들자'고 하며 문호를 개방했기 때문이다. 다양성을 수용하고 그것을 융합시켜 새로운 것을 창조하는 국가만이 생존할 수 있는 시대가 되었다.

한때 우리의 대부분 교육기관들이 교육목표로 세웠던 '글로벌 리더 양성'은 바로 이런 시각에서 만들어진 목표인데 구호만 내걸고 결과는 미미했다. 자원이 절대 부족한 우리나라는 세계로 나아가 수출을 해야 생존할 수 있다. 이러한 시대에 글로벌 리더 양성이란 교육 목표는 매우 시의 적절했다고도 보여진다.

그런데 글로벌 리더를 양성해야 한다고 주장하는 사람들이 글로벌 리더가 어떤 사람인지를 잘 모르다 보니 성공적인 결과를 만들지 못했다. 글로벌 리더의 개념을 분명히 알아야 그런 사람들을 만들어 낼 수 있는 것이다. 글로벌 리더란 바로 열려 있는 사람을 말한다. 어디로? 세계를 향해서이다. 고정관념에 매여 있지 않고 다양한 사상과 이론들을 포용할 수 있는 넓은 안목과 생각을 지닌 사람으로 이러한 다양성을 융합시켜 새로운 가치를 창조할 수 있는 사람을 글로벌 리더라고 정의한다면 어떨까?

지금 우리나라의 폐쇄적 교육시스템은 이런 사람들을 양성해내기 어렵다. 이런 사람들을 양성할 수 있는 개방되고 열려 있는 교육시스템을 만들어야 한다.

그러면 이러한 교육 개방을 못하고 있는 이유는 무엇일까? 획일적인 교육에 길들여져 다양성을 거부하는 일부 시민운동가들의 주장과 교육을 모르는 정치인들이 교육을 이념적인 잣대로 바라보고 정책을 만들고, 교육을 모르는 교육행정가들이 교육정책을 입안하다보니 개혁적 정책보단 무난한 정책을 선택하기 때문이다.

원래 개혁과 개방은 기존 질서를 변화시키는 것이므로 언뜻 좀 위험해 보인다. 그러나 그런 시도가 사회와 나라를 변화시키고 발전시켜왔다.

6.25 전쟁으로 우리는 나라의 모든 관습과 문화와 제도가 철저하게 파괴되는 고통을 겪었다. 하지만 그 덕분에, 모든 관습적 제도적 규제가 사라진 상태에서 우리는 생존을 위해 무엇이든 할 수 있었다. 그래서 외국의 문화와 상품, 또한 교육시스템도 부담 없이 받아들였다. 그 결과 우리나라는 빠른 시일 내에 교육적 성공을 거둘 수 있었다.

그러나 시대는 빠른 속도로 변하였고 우리 교육도 다시 변해야 하는데 아직 제자리 걸음만 하고 있다. 교육이 변화하지 않으면 시대에 걸맞은 도전적이며 글로벌하고 창의적인 젊은이들을 양성할 수가 없다. 지금 우리나라는 규제가 쌓이고 쌓여 아무것도 자유롭게 할 수 없는 나라가 되어 있다. 다른 사회 규제들과 마찬가지로 교육 역시 선진국의 학교가 규제에 막혀 국내에 들어오지 못하고 있는 실정이다.

그래서 조기유학이 늘어나고 있는 것이다. 지금 우리나라는 다시 폐쇄적인 구한말로 회기 중이다. 미래는 도전의 연속이다. 우리의 청소년들이 앞으로 도전할 수 있는 환경을 만들지 못하고 열린 교육을 하지 못한다면 우리의 교육은 점점 더 무용지물이 될 것이다.

우리나라보다 후진국이었던 싱가포르가 이제 GNP가 7만 달러가 넘는 선진국이 되었다. 이는 리콴유 총리가 교육에 있어 과감한 글로벌화를 추진했기 때문이다. 그는 국가 표준어를 영어로 바꾸고 자국 내에 세계적인 영미권 대학과 고등학교들을 들어오게 하였다. 실로 획기적인 발상이었고 그 결과, 작은 도시국가 싱가포르는 세계적으로 톱클래스에 드는 다수의 대학을 소유한 글로벌 교육 리더가 되었다. 우리나라 학생들을 비롯해, 싱가포르로 유학 가는 사람들도 많아졌다.

대표적인 명문 대학으로 중국의 베이징 대학교, 일본의 도쿄 대학교와 더불어 아시아 3대 대학으로 손꼽히는 싱가포르 국립대학교 National University of Singapore가 있다. 말레이시아 총리 마하티르 빈 모하

맛의 모교이기도 한 이곳은 1905년에 설립된 싱가포르에서 가장 오래된 대학이지만 학생수나 개설 과목 등 규모 면에서도 여전히 최고를 자랑한다. 영국의 글로벌 대학 평가기관 THE(Times Higher Education)가 매년 발표하는 세계대학순위(THE World University Rankings)에서 2020년 기준 24위를 차지했고 THE와 더불어 가장 권위 있는 대학 평가기관인 QS(Quacquarelli Symonds)에서는 11위에 랭크되었다.

2020년도 QS 세계대학랭킹에서 공동 11위를 차지한 난양 공과 대학교는 싱가포르를 대표하는 이공계 대학이다. 1991년에 설립되어 그리 오랜 역사를 가진 곳은 아니지만 여러 순위가 말해주듯 현재는 아시아의 MIT로 불릴 정도로 빠르게 성장했다. QS 순위는 싱가포르 국립대학교와 더불어 아시아권에서 가장 높다. 중국의 칭화 대학교(Tsinghua University)가 16위, 베이징 대학교와 도쿄 대학교가 공동 22위로 그 뒤를 이었으며 우리나라에서는 서울 대학교가 37위로 가장 높은 순위를 기록했다. 20위 이상의 차이다. THE랭킹에서는 싱가포르 국립대학교가 24위, 서울 대학교가 64위로 그 격차가 더욱 크다.

글로벌화를 서둘러도 늦은 시기인데 이념에 목매어 안으로 당파 싸움이나 하고 있던 조선 말기의 상황과 다를 바 없는 우리 교육의 현주소이다.

교육이 가져오는 사회적인 반향도 마찬가지다. 우리 노동 현장을 보면 기업체에는 사람이 부족한데 대학을 나온 실업자가 너무 많다. 이러한 취업 미스매칭 현상이 발생하는 이유는 현실과 유리된 교육정책과 다양하지 못한 교육제도 그리고 교사와 학부모가 입시에 매달려 교육에 대한 본질을 잊어버리고, 사회가 요구하는 인력을 양성해 내지 못해 발생한 교육의 불균형이다.

선진국에서는 다양하고 특색 있는 교육기관들이 많아서 고교만 졸업해도 취직할 수가 있는데 우리나라는 대다수가 획일적인 인문계 고교가 대부분이다 보니 고등학교를 나와도 할 일이 없다.

세계적인 다양한 교육기관들을 유치하여 우리나라 교육기관들과 나란히 경쟁하게 하고 우리 교육기관들에 대한 교육청의 규제와 감독을 축소시켜 자율과 창의성, 생동감이 넘치는 변화하는 학교로 만들어가야 우리 노동 현장의 문제도 해결될 것이다.

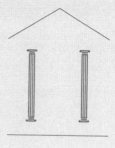

2장

교육이란 무엇인가

인성
교육

교육의 시작은 자존감을 살리는 것

교육에서 가장 중요하다고 말하는 인성교육은 인간성 교육, 예절교육이라 생각하기 쉬운데 그런 도덕교육은 이미 초등학교 시절에 다 배운 것들이다. 그럼 인성교육을 어떻게 해야 할까? 결론부터 말하자면 청소년 시절의 인성교육은 희망을 갖게 하는 것이다. 희망이 없는 아이들에게는 어떠한 교육도 쓸모가 없다. 반면 아이들에게 희망이 생기면 뭐든지 잘하고 싶어한다.

최근 한 설문조사에 따르면 대학생들이 뽑은 자신의 자존감을 훔쳐가는 자존감 도둑 1위는 엄마, 2위는 동기, 3위는 절친한 친구라고 한다. 내 자존감을 갉아먹는 사람들이 바로 내 주변에 있고, 친밀한 사이일수록 애정을 가장한 독한 말을 더 많이 한다는 사실을 알 수 있는 자료다.

아이들에게 희망을 품게 하는 가장 중요한 요소가 자존감이다. 아이들의 자존감을 살려주면 희망을 갖게 되고 나아가 미래의 꿈도 꾸게 된다. 인성교육은 교육을 시키는 것이 아니라 '너는 사랑 받기 위해 태어난 사람'이라는 것을 알려주는 것이다. 조건 없는 사랑을 지속적으로 주면 아이들의 자존감은 살아난다.

그러면 자존감이란 과연 무엇일까? 인간의 마음에는 자존심과 자존감이란 것이 있는데 이 두 가지는 비슷한 것 같아도 많이 다르다. 둘 다 똑같이 타인으로부터 존중 받고 싶어하는 인간의 기본적 심리라는 점에서는 비슷하나, 자존심은 주로 다른 사람들로부터 존중 받고 싶은 마음이라면, 자존감은 스스로를 존중하는 마음, 즉 자신을 사랑하는 마음이라 할 수 있다.

자존감이 없는 사람은 남의 눈치를 보게 되며 그래서 '자신을 보호하려는 마음'이 생기는데 이것을 자존심이라고 한다. 자존감이 있는 사람은 '자기 자신을 존중하는 마음'을 가지고 있어서 남의 시선에 별로 신경을 쓰지 않으며 매사에 자신이 있다.

자존심의 뿌리가 우월감과 열등감이라면, 자존감의 뿌리는 자긍심과 자신감이라 할 수 있다. 자존심이 강한 사람은 남들에게 열등하게 보이는 것을 참지 못한다. 그래서 무엇이 되었든 남들에게 지는 것을 싫어하고 자신의 생각이나 의견이 상대방에게 묵살되거나 거부되는 것을 못 견뎌 한다. 자존심이 상했다고 생각하면 나와 다른 생각이나 행동에 대해 수긍하거나 인정하려 하지 않는 경향이 있다.

반면 자존감이 강한 사람은 자신의 능력을 믿고 자긍심이 강하며, 주어진 일을 잘 해낼 수 있다고 믿는 자신감 또한 강하다. 그래서 매사에 도전적이고 끝까지 해내려는 의지가 강하다. 하지만 그런 과정에서 실수나 잘못이 있었을 때 그것을 깨끗이 인정하고 새로운 마음으로 다시 시작하는 데 주저함이 없다. 무엇보다 자존감이 강한 사람은 책임감과 배려심이 많아 다른 사람들과의 차이를 존중하고 상대방을 인정하는 데 인색하지 않다.

이렇듯 아이들이 자신을 사랑할 수 있도록 자존감을 키워줘야 희망을 가질 수 있고, 희망이 생기면 꿈도 꾸게 된다. 그런 동기를 만들어주는 것이 바로 교육의 시작이다. 그래야 아이들이 꿈을 동기 삼아 무엇이든 하고 싶어지는 것이다. 그러면 자연히 스스로 자신의 삶의 주인으로서 목표도 세우고 노력도 하고 공부도 하는 것이다. 나도 모르는 사이, 내가 우리 아이의 자존감 도둑이 되고 있는 건 아닌지 다시 한 번 돌아봐야 한다.

교육은 행복의 의미를 깨우치는 과정이다

서태지, 강호동, 김연아, 악동 뮤지션의 공통점은 무엇일까? 정규교육을 받지 않고 자신의 영역에서 정상의 자리에 오른 인물들이다. 이들은 정규교육을 받지 않고도 성공을 이루었다. 이렇듯 교육은 성공을 보장하지 않는다. 교육을 잘 받으면 아이들이 성공한다고 믿는다면 그것은 큰 오산이다.

교육은 성공을 위한 수단이 아니라, 아이들에게 삶의 희망을 갖게 하고, 꿈을 꾸게 해서 자신들이 하고 싶은 일들을 찾아 도전하게 하는 용기를 갖도록 도와주는 것이다. 그러려면 아이들을 행복으로 이끌어야 한다. 부모와 학교가 그 역할을 못 한다면 그 아이들은 불행한 것이다.

우리는 교육의 개념을 너무 추상적이고 어렵게 생각하는 경향이 있다. 그러면서도 정작 대부분의 학교에서는 입시 준비에만 총력을 기울이고, 그러다 보니 학교에서 교육이 실종됐다는 소리를 듣게 되었다.

교육의 목적은 아주 단순하고 쉽다. 교육의 목적은 우리가 살아가면서 '행복과 건강한 즐거움'을 누리며 살게 하는 것이다. 따라서 교육은 어떻게 하면 행복하고 즐거울 수 있을까를 가르치는 것이다.

21세기 교육의 키워드는 '창의성'이라고 말한다. 하지만 행복과 즐거움이 없는 곳에 창의성은 존재하지 않는다. 행복과 재미가 없는 창의성이 발현되지 않는다. 창의성은 행복한 삶 속에서 나오는 것이며 그런 창의성이 삶을 더 행복하고 역동적으로 만든다.

행복해지려면 우리는 어떻게 해야 할까? 우선 행복이 어떤 조건이 충족되어 결과적으로 얻어지는 것인지, 아니면 자신이 선택하는 것인지를 생각해봐야 한다. 우리 삶이 궁극적으로 건강하고 즐거운 행복에 연결되지 않으면 무의미한 것이다.

일반적인 학부모와 교사들은 공부를 열심히 해서 좋은 대학에 입학하기만 하면 성공적 삶이 되고 아이들이 행복할 줄로 여긴다. 하지만 요즘 서울 대학교 졸업생의 취업률이 50%도 안 된다고 하니 그 생각도 꼭 옳다고 할 수가 없다.

그럼 행복으로 이어지는 성공적 삶이란 어떤 것인가? 과거의 학부모들은 좋은 대학에 가는 것이 성공이고 행복이라 생각했다면 이제부터는 삶을 즐겁고 행복하게 만드는 것이 성공이라고 생각해야 한다. 그렇게 부모가 바뀌면 아이들은 행복해진다. 교육에 대해 열린 마음과 자유로운 생각을 하고 있는 부모에게서 자란 아이는 창의적이고 진취적일 수밖에 없다. 오늘날의 성공적인 삶이란 남에게 피해를 주거나 의지하지 않고 자기의 삶을 즐겁고 행복하게 만드는 삶이다.

자신이 진정으로 원하는 것이 무엇이고 어떤 일을 할 때 가장 재미있고 즐거운지 알려면, 주변에 대한 호기심과 관찰을 통해 자신의 적성에 맞는 관심 분야를 모색해야 한다.

요즘 청소년들을 만나보면 자신들이 진정 원하는 삶이 무엇인지 생각해보지 않았다는 학생들이 많다. 그들은 부모가 원하는 삶을 살기에도 너무 바쁘다. 자기가 무엇을 좋아하는지도 모르고 그것에 대해 생각할 시간도 없이 학창시절을 시험 준비에 매몰되어 정신 없이 보내고 있는 학생들을 바라보면 안타깝기 짝이 없다.

그런 아이들에게 자존감이 형성될 리 없고 생각능력도 부족해 자신의 미래에 대한 고민도 내내 미루며 살고 있다. 그러다 보면 나이는 먹는데 자율적인 생각과 책임이 뒤따르지 못하게 된다. 자기의 삶을 스스로 개척하는 것이 아니기에 행복하지도 않으며, 자기가 자기 삶의 주인이 되지 못하기 때문에 민주시민으로서의 건강한 비판 의식critical thinking도 키우지 못한다.

학부모들이 걱정해야 할 것은 자기 자녀가 좋은 대학을 들어가느냐 못 가느냐가 아니라, 자기 삶을 자율적으로 개척해나갈 수 있는 생각능력이 있느냐 없느냐이다. 자녀들이 재미있어하고 즐거워하는 일들을 찾도록 도와주는 것이 자녀들을 행복하게 하는 길이다.

꼭 일반 학교에 가야 한다는 생각도 버려야 한다. 결국 교육은 아이들의 신체를 건강하게 하며, 긍정적인 생각을 불어넣어주고, 꿈을 꾸게 하며 더 넓은 시야를 갖게 하고, 좋은 습관을 갖도록 도와주는 것이며 생활 속의 일들을 스스로 경험하게 하여 판단력과 책임감을 길러주는 것이다.

지식을 전달하는 것은 교육의 아주 작은 부분이다. 화초 키울 때를 생각해보자. 영양분을 많이 준다고 화초가 잘 자라는 것이 아니고, 그 식물의 특성을 잘 이해하고 그에 맞는 환경을 만들어줄 때 비로소 아름다운 꽃을 피우는 것처럼 사람도 마찬가지다.

사람마다의 환경과 특성을 살펴 그 사람의 마음을 잘 보살펴주면 공부는 스스로 알아서 한다. 선생님이 아무리 훌륭한 명강의를 해도, 두뇌가 지식과 정보를 받아들일 준비가 되어 있느냐 또는 그런 지식을 소화시킬 수 있느냐 없느냐에 따라 그 결과는 천차만별이기 때문이다.

그러므로 교육의 궁극적 목표는 아이들에게 행복하게 사는 법을 가르치는 것이다.

행복은 주어지는 것이 아니고 선택하는 것

많은 사람들이 행복이란 외부 조건이 갖추어져야 찾아오는 것으로 알고 있다. 그러나 현실 세계에서 그런 경우는 매우 드물다. 자기가 원하는 조건이 모두 갖춰지는 경우는 많지 않다. 주위에 자기를 속 썩이거나 미워하는 사람은 하나도 없고 모두가 자기를 사랑해주는 사람들만 있다면 얼마나 행복할까? 그런 상황은 거의 환상에 가깝다. 내가 먼저 베풀거나 나누지 않는데 나를 사랑해주는 사람은 별로 없다.

그럼 행복은 어떻게 얻어지는 것일까? 행복은 주어지는 것이 아니고 선택하는 것이다. 자신이 남에게 기쁨과 행복을 주면 본인도 행복해진다. 남을 미워하는 사람은 자기 마음이 괴롭기 때문에 절대로 행복해질 수 없다. 왜냐하면 남을 미워할 때 섭섭하거나 원망스러웠던 기억들을 떠올려야 하고 그것을 기억하고 있는 동안 본인은 스스로 불행해진다. 부정적이고 나쁜 기억들을 상기하기 때문이다.

기쁜 일만 생각하고 남을 행복하게 하기 위해 노력하는 사람들은 그 사람들과 함께 그 행복한 기분에 들어가기 때문에 행복해지는 것이다. 행복했던 기억들을 떠올리고, 남에게 기쁨을 주는 것이 바로 행복해지는 길이다.

이렇듯 감사하는 마음을 선택하면 모든 것이 긍정적으로 보이고 그래서 밝은 웃음을 지을 수 있으며 그 미소가 기쁨과 행복을 부른다. 모든 일에 감사한 마음을 갖는다면 지금의 내 자리가 바로 천국이며, 그렇게 행복한 분위기 속에 자신이 들어가 있도록 하면 행복해지는 것이다.

행복한 마음을 가진 사람 주변에는 행복한 사람이 많다. 행복한 사람은 행복한 사람을 알아보며 더 가까워지고 서로 모이게 마련이다. 특히 리더의 행복은 전염성이 있어서 주위를 행복하게 만든다. 지혜로운 사람은 행복하기 위해서라도 원망하고 미워하는 분위기를 피하게 된다. 그래서 행복은 주어지는 것이 아니고 선택하는 것이라고 말하는 것이다.

또한 행복은 꿈과 희망을 바라보는 것이다. 지금 아무리 어려워도 꿈과 희망이 있는 사람은 행복하다. 미래의 꿈과 희망을 보고 있기 때문이다. 그러나 희망이 없는 사람은 지금의 처지나 상황을 비관하게 되므로 불행하다.

지금부터 나에게 주어진 수명이 한 달 남았다고 가정해보자. 당신은 무엇을 하겠는가?

자신의 신세를 한탄하며 주저 앉아서 술이나 마시겠는가?

나는 내가 죽기 전에 해야 할 일을 할 것이다. 그동안 나에게 상처 받았던 사람들이 있다면 일일이 찾아 다니며 용서를 구할 것이다. 내가 미워했거나 원망했던 사람이 있다면 모두 용서할 것이다. 그래서 주변 사람들과의 모든 갈등을 풀고 마음의 짐을 모두 내려놓을 것이다.

내가 사랑하는 사람들에게 그동안 고마웠다고 그리고 사랑한다고 말하고, 마지막으로 가지고 있는 것이 있다면 주위 사람들과 나눌 것이다. 그리고 "서로 아끼고 사랑하며 마음을 나누며 살아라"라고 유언을 남길 것이다. 나는 오늘도 그 생각을 하며 최선의 삶을 살 것이다.

진정성이 교육의 핵심이다

교육의 효과는 학생들이 교사를 얼마나 신뢰하느냐에 달려 있다. 신뢰가 없으면 교육의 효과를 기대하기 어렵다. 그렇다면 신뢰는 어떻게 형성될까? 어떠한 경우에도 교사는 제자 앞에서 정직해야 한다. 설사 능력이 부족하더라도 매사에 정성을 들여 최선을 다하는 모습을 보인다면 결코 신뢰는 무너지지 않는다. 거꾸로 교사가 실력이 있어도 아이들에게 정직하고 솔직하지 못하면 신뢰는 쌓이지 않는다.

과거의 권위주의를 벗어버려야 비로소 신뢰가 쌓인다. 누구를 대하든 정직하게 정성을 드리며 최선을 다하는 자세가 바로 진정성이다. 특히 교육에서 진정성이 얼마나 중요한지 선생님들이 온전히 이해한다면 교육은 분명 제자리를 찾을 것이다. 교사 스스로가 매일같이 '나는 아이들 앞에서 진실하고 매 순간 정성을 들이며 교육을 하고 있는가?'라고 스스로 반문했을 때 그 점수가 85점 이상은 나와야 한다.

인간관계에서도 진실하고 정직하게 정성을 다하는 자세는 상대방에게 안정감과 신뢰를 준다. 신뢰는 인간관계의 가장 중요한 요소로서 친구 사이, 교사와 제자 사이, 경영자와 근로자 사이, 여자와 남자 사이에서도 신뢰가 무너지면 관계 자체가 무너지게 되는 것이다. 사회에 나와서 성공하는 사람들은 대개 진정성이 있는 사람들이다.

많은 교사들이 아이들이 반복해서 말썽을 피고 문제를 일으키는 것에 대해 고충을 토로하며 아무리 말을 해도 듣지 않는다고 하소연한다. 그런 현상은 왜 일어날까? 우리는 아이들이 반복적으로 문제를 일으킬 때 왜 그런 일이 일어나는지 세심하게 연구하지 않고 답답해하거나 짜증을 내는 경우가 많다. 그리고 인성교육을 한다는 것이 겨우 야단치거나 타이르거나 모르는 척 외면하는 것이다. 이는 진정성이 없는 것이다.

청소년 시절의 아이들은 부모를 닮아가고 선생님을 닮아간다. 선생님이 정직하고 사람을 대할 때 정성을 다하는 모습을 보고 자란 아이들은 그 모습을 그대로 닮아간다.

어른들도 실수를 하는데 하물며 인격적으로 성숙하지 못한 아이들의 실수는 말할 것도 없이 당연한 것이다. 그러나 반복해서 같은 문제를 일으키는 것은 어른들이 아이들을 인격체로 대하지 않았거나 그들의 고통에 귀 기울이지 않았기 때문인 경우가 대부분이며, 가정환경에도 문제가 있을 수 있다. 자존감이 있는 아이들은 말썽을 일으키지 않는다. 그리고 아이들의 자존감은 사랑과 관심과 존중을 받을 때 성장한다.

결국 어른들이 아이들에게 진정성을 가지고 관심과 사랑을 주지 못 한다면 아이들의 신뢰는 얻을 수 없다. 갓난아기도 어른이 자기를 안고 있는 느낌만 가지고도 자기를 귀하게 다루는지 아닌지 안다. 하물며 청소년들은 어떻겠는가.

아이들은 교사가 자기들에게 사랑으로 최선을 다하는지, 그 진정성을 몸으로 느낀다.

교사라는 직업은 인간에 대한 근본적인 이해가 없으면 올바로 하기 힘든 직업이다.

아이들의 행동 원인을 잘 이해할 수 없기 때문이다. 참교육은 사람을 살리는 행위이며 스킨십을 통해 이루어진다. "교육은 말로 하는 것이 아니고 몸으로 보여주는 것이다."

교사들이 아이들을 소중하게 대할 때 아이들의 자존감은 성장하며 어른스러운 행동을 하려는 욕구도 발현된다. 아이들을 귀하게 대한다는 것은 아이들을 존중해주는 것은 물론 진실하고 정직하게 대하며 매사에 정성을 들인다는 것이다.

선생님들이 상대할 아이들이 많다는 이유로 건성으로 응대하는 경우를 종종 보게 된다. 그러면 아이들도 선생님을 건성건성 대한다. 진정성은 믿음과 신뢰를 가져다주며 아이들이 선생님을 있는 그대로 온전히 믿기 시작할 때 교육적 효과가 극대화되고 기적같은 놀라운 결과도 나오게 된다.

기적의 복음서인 성경에 "믿음은 바라는 것들의 실상이요, 보이지 않는 것들의 증거니라" 한 것처럼 믿음이 있으면 그것이 곧 신념이 되어 실천으로 이어지고 그 믿음은 결국 이루어진다. 우리가 예수 그리스도를 믿는 것도 그 말씀과 사랑에 대해 공감하고 믿으면 그렇게 된다는 것을 확신하기 때문이다. 그렇기에 고통스러워도 아픔이 있어도 믿고 따르려는 것이다.

자라나는 아이들에게 무엇을 가르쳐야 할까? 우리 모두는 부족한 존재이지만 매사에 최선을 다하고 진실한 모습을 보여주는 것, 그리고 그것이 얼마나 중요한지 보여주는 것이라 생각한다. 이러한 진정성은 교육의 가장 중요한 핵심요소 중 하나이다.

여러분은 자기 삶에서 기적을 일어나기를 바라지는 않는가? 여기에 그 방법이 있다. 진정성이 어떤 기적과 어떤 결과를 가져다주는지 알려주는 《중용中庸》 23장, 〈기차치곡장基次致曲章〉을 소개한다.

其次는 致曲이니 曲能有誠이니 誠則形하고 形則著하고 著則明하고 明則動하고 動則變하고 變則化니 唯天下至誠이야 爲能化니라.

작은 일도 무시하지 않고 최선을 다해야 한다. 작은 일에도 최선을 다하면 정성스럽게 된다. 정성스럽게 되면 겉에 배어 나오고, 겉에 배어 나오면 겉으로 드러나고, 겉으로 드러나면 이내 밝아지고, 밝아지면 남을 감동시키고, 남을 감동시키면 이내 변하게 되고 변하면 생육된다. 그러니 오직 세상에서 지극히 정성을 다하는 사람만이 나와 세상을 변하게 할 수 있는 것이다.

나와 세상을 변화시킨다는 것은 기적이다. 진정성은 바로 교육
현장에서 기적이 일어나는 원리이다.

다섯 가지 인격(Five 인격)

고대 그리스 철학자 아리스토텔레스는 인간을 사회적
동물이라고 규정했다. 공동생활을 위해 인간이 모여 만든 집단인 사
회에서 가장 중요한 것이 바로 인간관계인데, 그 속에서는 인격이
매우 중요한 역할을 한다.

좋은 인격을 가진 사람 주변엔 좋은 사람들이 많이 모인다. 인
격이란 '사람이 가지고 있는 품성'이라 할 수 있다. 하지만 인격이란
말에는 가치관이 포함되어 있기 때문에 "그 사람은 인격자이다"라고
말하는 것은 그 사람이 곧 훌륭한 가치관을 가진 사람이라는 뜻이기
도 하다. 좀 더 현실적으로 말하면 인격이란 상대적인 것이어서 사람
과 사람이 만날 때 상대방에게서 느껴지는 인성이나 품격이라고 할
수 있겠다.

인격은 모든 대인관계에서 중요한 역할을 하며 사람을 경영하
는 모든 조직의 리더십에서도 매우 중요한 요소이다. 그래서 인격
은 21세기의 경쟁력이라고까지 말할 정도로 위상이 높다.

어느 겨울 날 4명의 남자가 동네 친구인 최군을 으슥한 공원으

로 끌고가 옷을 모두 벗게 한 뒤 마구 폭행하고 눈 속에 버려두고 왔다. 최군은 벌거벗겨진 채로 눈 밭 위에 의식을 잃고 쓰러져 있었고, 결국 목숨을 잃었다. 놀랍게도 이 사건의 피의자는 10세와 11세의 남자 어린이들이고, 피해자는 초등학교 1학년 남아다. 아이들은 폭행 이유를 오락실에서 최군이 귀찮게 굴었기 때문이라고 진술했다. 믿기지 않는 이 사건은 30년 전 인천에서 발생했는데, 당시 9시 뉴스에서 "하급생 죽인 국교생"이라는 헤드라인으로 보도해 시청자들에게 큰 충격을 안겼다.

이렇게 동서고금을 막론하고 학생 간에 일어나고 있는 '학폭', 즉 학교폭력 문제는 어제 오늘 일이 아니다. 2019년 한 해만 해도 초등학교와 중학교에서 학교폭력으로 피해를 당한 학생의 수가 1년 전보다 1만 명이 증가했다고 한다. 이는 학교 교육의 지향점을 다시 한 번 생각해보게 하는 사례이자 데이터이다.

성악설을 주장하며 인간의 후천적인 노력을 강조한 순자는 인간을 사회적 동물로 판단해 교육과 사회제도의 중요성을 강조했다. 오늘날 교육프로그램에서 가장 중요한 것이 바로 인성교육이다. 인성이 좋아지면 대게 인격도 갖춰지게 되는데, 인성이 인격으로 잘 표현되게 하려면 좋은 습관을 만들어야 할 필요가 있다. 나는 재단을 운영하며 아이들을 인성교육할 때 인격에 대해 어떻게 설명하고 교육해야 할까를 고민하다가 인격이 드러나는 다섯 가지 요소들이 있음을 깨달았다.

첫째는 웃는 얼굴이다. 이런 일화가 있다. 어떤 사람이 사업에 실패를 해서 자살을 하려고 침울한 마음으로 한강 다리를 건너고 있었다. 보통 한강 다리에는 사람이 잘 걸어 다니지 않는데 그때 우연히 마주 오던 한 사람이 있었고, 그 행인이 자기를 보고 환한 미소를 지어주며 지나가는 것이었다. 그 웃는 미소의 얼굴을 보는 순간 자살할 마음이 사라졌다. 그 후 그 사람은 사업 재기에 성공하여 인터뷰를 하는 과정에서 이런 말을 했다. 자기에게 밝은 미소를 던져준 본인은 모르겠지만 그의 웃는 얼굴이 자기의 생명을 살렸다고. 내가 사람을 만날 때 첫인상이 좋다고 말하는 경우는 상대가 웃는 얼굴로 나를 맞아줄 때이다. 웃는 얼굴은 상대의 마음을 따뜻하게 해주고 위로를 주며 나아가 주변의 분위기까지 밝게 만들어준다. 이것이 사람을 만났을 때 첫 번째로 느껴지는 인격이라고 할 수 있겠다.

둘째는 바른 자세다. 누군가를 대할 때 삐뚤어진 자세를 하고 있으면 상대방은 불편한 느낌을 갖게 될 것이고 심리적으로 불안해질 것이다. 바른 자세는 상대의 마음을 편안하게 해주고 안정감을 준다. 그래서 바른 자세는 두 번째 인격을 표현한다.

셋째는 말이다. 말을 할 때 상스럽거나 거친 말을 쓰지 않고 공손하고 친절하게 말을 하는 사람은 호감과 신뢰를 주며 친화력이 있다. 안 보는 곳에서 남을 헐뜯는 말을 하는 사람은 좋은 인상을 주지 못하고, 말은 돌고 돌아 상대방의 귀에 들어간다. 그래서 분위기를 나쁘게 만든다. "말은 곧 인격이다"란 말이 있듯이 말이 곧 세 번째 인격이다.

넷째는 약속이다. 앞의 세 가지는 다 좋았는데 그 사람이 약속을 잘 지키지 않는다면 여러분들은 실망할 것이다. 약속을 잘 지키는 사람은 상대에게 신뢰를 준다. 약속을 잘 지키는 것도 인격을 표현하는 중요한 요소 중의 하나이다.

다섯째는 이타심이다. 상대방이 테레사 수녀처럼 봉사정신이 투철하고 이타적인 삶을 사는 사람이라면 우리는 그 사람에게 존경의 마음을 보낼 것이다. 이것은 사람의 마지막 인격인 가치관에 관한 것이다. 이렇게 아가페적 사랑으로 다른 사람을 위해 헌신적인 삶을 사는 사람을 세상 사람들은 좋아하고 존경한다. 우리가 역사적인 인물들 중 살신성인의 길을 갔던 이순신 장군을 존경하고 좋아하는 이유도 그분이 보여준 이타적인 가치관 때문이다.

이상과 같이 인격을 느낄 수 있는 다섯 가지 인격적 요소를 묶어서 나는 "다섯 가지 인격"이라 명명하였다. 세상에 나가서 어떤 일을 하든지 이 다섯 요소를 기본으로 갖추고 일을 하면 사람들로 하여금 신뢰와 존경을 얻을 수 있다. 따라서 본인의 중요한 경쟁력이 되므로 늘 염두에 두고 자기 수련을 해야 할 요소이다.

교사들이 이 다섯 가지 인격의 중요성을 이해하고 실천하며 아이들을 인도한다면 교육효과를 극대화시킬 수 있다. 대전 대신학원에서는 첫째 웃는 얼굴과 둘째의 바른 자세는 자세교육 프로그램인 차밍스쿨을 통해 가르치고 있으며 셋째는 생명을 살리는 교육을 통해, 넷째는 자율성 교육을 통해, 다섯째는 봉사활동과 신앙교육을 통해 교육하고 있다.

산다는 것은 꿈을 꾸는 것이다

독일의 시인 프리드리히 실러는 "산다는 것은 꿈을 꾸는 것이요, 꿈을 꾸는 사람은 인생의 멋을 아는 사람이다"라 하였다. 우리들의 삶이 오로지 눈에 보이고 손으로 만질 수 있는 것들에만 매여 산다면 얼마나 삭막하겠는가.

모두들 젊은 날의 꿈을 이야기하지만 꿈이 어찌 젊은이들만을 위한 것이겠는가. 나이든 사람이 꿈을 지니고 살아간다면 그 꿈이 나이 들어감에 얼마나 품위를 더하여 주고 윤택함을 줄 수 있을지 생각해보라.

프리드리히 실러는 그런 지혜를 담은 〈산다는 것은 꿈을 꾸는 것이다〉라는 명시를 남겼다. 그 의미를 되새겨보고자 여기 옮겨본다.

산다는 것은 꿈을 꾸는 것이다

프리드리히 실러

산다는 것은 꿈을 꾸는 것이다.

현명하다는 것은 아름답게 꿈을 꾸는 것이다.

살아 있다는 것은 꿈이 있다는 것이요,

꿈이 있다는 것은 희망이 있다는 것이다.

희망의 있다는 것은 이상을 갖고 있다는 것이요,

이상을 갖는다는 것은 비전을 지닌다는 것이다.

비전을 지닌다는 것은 인생의 목표가 있다는 것이다.

꿈을 잃은 사람은 새가 두 날개를 잃는 것과 같다.

비록 힘없고 하찮은 존재일지라도

꿈을 가질 때 얼굴이 밝아지고 생동감이 흐르며,

눈에는 광채가 생기고 발걸음은 활기를 띤다.

살아가는 나날이 씩씩해진다.

꿈이 있는 사람이 행복한 사람이고

꿈꾸는 자는 인생을 멋지게 사는 사람이다.
꿈 있는 사람이 참 인생을 알고
인생의 멋을 아는 사람이다.

꿈이 있는 사람이 인생을 멋지게 살고
아름다운 발자취를 후세에 남긴다.

이 세상은 꿈을 꾸는 사람들이 만들어간다. 꿈이 없는 사람은 그저 이끌려가는 사람일 뿐이다. 청소년들에게 꿈을 꾸게 해주는 것이 참교육인 것이다.

글로벌 리더란 어떤 사람인가

1893년 쿠바 연안에서 벌어진 흑인 노예들의 선상 반란 사건과 이들에 대한 미국 법정에서의 재판 과정을 그린 할리우드 영화 〈아미스타드〉를 보면, 전직 대통령으로 흑인 노예들을 위해 감동적인 변론을 하는 인물이 등장한다. 바로 미국의 정치가 존 퀸시 애덤스John Quincy Adams다.

미국의 6대 대통령이기도 했던 그는 '리더'에 대한 인상 깊은 정의를 내렸다. 바로 지금까지 회자되는 명언인 "당신의 행동으로 다른 사람들이 더 많은 꿈을 꾸고, 더 많은 것을 배우고, 더 많은 것을 하고, 더 나은 사람이 된다면, 당신은 리더다"라는 말이다.

여러분들도 21세기 이슈 중의 하나인 글로벌 리더가 어떤 사람인지를 생각해볼 필요가 있다. 3~4년 전만 하더라도 우리나라 교육기관들의 90% 이상이 학교의 교육 목표로 "글로벌 리더 양성"이라는 구호를 내걸었으며 지방자치단체의 교육청들도 대부분 그것을 표방하고 있었다.

그만큼 글로벌이란 말은 이젠 보편적으로 사용되는 흔한 말이 되었다. 그러나 그 의미를 제대로 이해하고 있는 사람은 극히 드물다. 오히려 그 뜻을 제대로 모르면서 글로벌 리더 양성이란 말을 쓰고 있는 것이 문제다. 왜 그럴까?

해방 이후 산업사회를 거쳐오면서 압축 성장을 추구하다 보니 이루어진 논리와 토론보다 생각하지 않고 무조건적으로 외우는 암기식 교육으로 인한 폐해로 보여진다. 우리는 사물이나 현상을 바라보며 그것에 대한 깊은 생각과 통찰을 하지 않고 '빨리 빨리'라는 습관에 따라 무의식적으로 생활하는 것이 몸에 배었다.

현재 우리나라의 교육은 30년 전과 비교해볼 때 학습 위주의 시험공부를 한다는 면에서 별로 달라진 것이 없다. 그러다 보니 결과적으로 생각 없는 교육으로 생각 없는 아이들을 양산하고 있는 것은 아닌지 모르겠다.

학교에서 배웠던 것들은 대부분 그 원리도 생각해본 적이 없이 무조건 외웠기 때문에 사회에 나오는 순간 상당 부분 기억에서 사라지고 만다. 리더는 심사숙고深思熟考한 후, 그 판단에 따라 신념을 가지고 실행하는 사람이다.

리더는 '생각하는 사람'이어야 한다. 데카르트는 저서《방법서설》에서 참된 인식에 도달하는 방법으로 우선 스콜라 철학에서 가르치는 모든 진리를 의심하는 것에서부터 출발해야 한다며, 이를 회의론이 아닌 '방법론적 회의'라고 불렀다. 방법론적 회의는《방법서설》에서 명시한 "나는 생각한다. 고로 존재한다"라는 제1명제의 철학적 출발점이기도 하다.

현실에서 데카르트의 주장을 대입해본다면, 신문, 방송의 건강 관련 기사를 보고 들을 때, 처음부터 보도 내용을 100% 사실 또는 진실이라고 받아들이지 않아야 한다. 앞의 주장이나 연구 내용들을 누가 연구한 것인지, 어떻게 발표된 것인지, 연구 대상은 누구인지, 연구 방법은 어떤 것인지, 연구 결과에서 나타난 상관관계가 인과관계로 잘못 해석되고 있는 것은 아닌지 등등을 의심하고 회의하며, 기존의 다른 연구 결과에 대해 학습하는 과정을 거쳐야 한다. 이 과정에서 한 번쯤은 보도된 주장을 비판하는 입장에 서보는 것이 객관적 지식을 얻는 방법이다.

이렇게 생각하는 것이 건강한 비판의식을 키우는 것이다. 어떤 이론이 있으면 왜 그런 이론이 나왔는지 살펴보고 검증해보고 분석해보고 토론하는 훈련을 하는 것이 교육이고 그것이 곧 생각능력을 키우는 것이며 창의력을 키우는 방법이다.

또한 세계가 어떻게 변화되고 있는가의 트렌드(변화의 추세)를 읽지 못하면 글로벌시대에 뒤쳐질 수밖에 없다. 흘러가는 사회적 현상을 읽고, 왜 그런 결과가 나오고 앞으로 어떻게 변해갈지 생각하고 준비하는 것이 글로벌 마인드라고 할 수 있다. 선진국에서는 교육은 함께 만들어가는 것이란 인식이 있기 때문에 선진국의 학교들은 일주일에도 몇 번씩 교내에서 교육에 대한 토론회나 세미나를 하며 교육의 문제들을 풀어간다.

우리나라 중고등학교에선 교육에 대한 교내 토론회나 세미나를 찾아보기 어렵다. 지금은 대전 대신학원에서는 교육 관련 토론회가 종종 열리지만 9년 전, 2010년도만 해도 설립된 지 43년이나 되었지만 학내에서 단 한 번도 자체 교육토론회가 없는 상황이었다. 정말 놀라운 일이다.

한마디로 생각 없이 살고, 생각 없이 교육을 해왔던 우리 교육현장의 참 모습이었다. 참담하지만 우리의 교육 현실인 것이다. 선생님들이 교육에 대한 생각을 하고 서로 토론을 해야 한다. 선생님들이 생각하지 않고 살면서 아이들에게 생각하는 능력을 키워줄 방법은 없다. 자신이 모르는데 어떻게 지도를 하겠는가?

글로벌 리더에 대해 다양한 의견이 있겠지만, 내가 생각하는 글로벌 리더란,

첫 번째, 열린 마음을 지닌 사람이다. 다양한 문화와 다양한 아이디어를 포용할 수 있는 넓은 마음과 의식을 가진 사람이다. 포용한다고 해서 그 주장을 모두 따른다는 뜻은 아니다. 넓은 세상에 대한 호기심은 가지고 있으면서도, 정보나 지식을 분별 없이 모두 받아 들이는 것이 아니라 깊이 생각하고 논리적으로 비판하며 검증하는 자세가 있는 사람이다.

둘째, 넓은 안목을 지닌 사람이다. 바라보는 시각이 국내에 머물지 않고 세계를 향해 있어, 한국 속의 내가 아니라 세계 속의 나를 생각하는 사고의 영역이 넓은 사람이다.

셋째, 창의성과 모험심이 뛰어나 남이 안 가본 길에 도전하는 도전정신이 있는 사람이다.

넷째, 언어 소통이 자유로우며, 유머가 있는 사람이다.

다섯째, 국제적 매너를 지니고 있는 사람이다.

여섯째, 긍정적인 사고와 자존감이 있어 남을 배려할 줄 알고 이웃과 더불어 나눔의 삶을 사는 사람으로, 상생을 통해 인류의 발전과 안녕을 도모하려는 사람이다.

나는 이 중 여섯 번째, 이웃을 도와 줄 수 있는 사람이 글로벌 리더를 설명하는 가장 중요한 포인트라 생각한다.

학식을 많이 가진 자가 글로벌 리더가 아니다. 아무리 지식이 많고 능력이 있어도 열린 마음으로 인간을 이롭게 하는 홍익인간의 정신을 가지고 있지 못하면 진정한 글로벌 리더라고 할 수 없다. 결론적으로 '글로벌 리더는 위에 열거한 여섯 가지를 가지고 사람들이 살아가면서 자유롭게 자신의 능력을 발휘할 수 있도록 만드는 환경과 그런 시스템을 만들어주는 사람'이라고 말할 수 있다.

앞서 거론했던 존 퀸시 아담스의 말을 다시 한 번 되새겨본다. 그는 글로벌 리더란 "깊은 생각과 꾸준한 실행을 통해 다른 사람들을 더 꿈꾸게 하고 더 배우게 하고 더 일하게 하고 더 잘될 수 있도록 영감을 주는 사람"이라 말한다. 이런 사람을 양성하는 것이 학교의 궁극적 목적이다. 그리고 교사들 스스로가 글로벌 리더의 길로 들어서지 않으면 글로벌 리더를 양성하는 것은 거의 불가능하다.

신앙은 인성교육의 뿌리다

어떤 선생님이 나에게 이런 질문을 했다. "교육이 중요한가요? 신앙이 중요한가요?"

"우리는 학교니까 신앙보다 교육을 우선해야 하지 않습니까?"라는 그분께 나는 "향후 그 주제를 가지고 선생님들과 토론을 해보기로 하시지요"라고 대답했다. 사실 이런 질문은 인성교육을 잘 모르거나 신앙을 가지고 있지 않은 경우에 충분히 할 수 있는 말이다. 신앙과 인성교육의 관계를 잘 모를 때 이런 의문이 생긴다. 신앙이 배워야 할 지식 중에 하나라고 생각하였기 때문에, 지금은 입시 준비가 중요하니 신앙 공부는 나중에 해도 되지 않겠느냐고 생각하는 것이다.

대부분 고등학교에서 교육이라 하면 떠올리는 것이 입시 준비다. 또 교사나 학부모들 중에도 입시 준비가 곧 교육으로 알고 계시는 분들이 많다. 지식을 가르치는 학습교육도 교육의 중요한 부분이긴 하지만 그런 학습교육도 인성교육이 선행됐을 때 자발적 동기가 유발되어서 교육효과가 극대화된다. 인성교육은 학습 욕구를 활성화시킨다는 면에서도 매우 중요하다.

도둑질을 하며 살아가는 부모도 자식에게는 정직하게 살라고 한다. 왜 그럴까? 아무리 지식이 많아도 정직하지 못한 인생은 성공적인 인생이 아니라는 것을 잘 알기 때문이다.

모든 사람들이 칭찬하고 존경하는, 즉 좋은 인성을 가진 사람은 어떤 사람일까? 인성人性이 좋은 사람은 가진 것이 많든 적든 넉넉한 마음으로 세상 사람들과 사랑과 정을 나누고 사는 사람이라고 할 수 있다. 이웃 사랑하기를 주저하지 않는 이들은 어린 시절에 부모로부터 사랑을 듬뿍 받으며 자란 사람들이다. 그런 사람들은 "인간은 사랑 받기 위해 태어났다"는 것을 알고 있으며, 자신이 귀하다는 것도 알고, 타인도 귀하다고 여기기 때문에 다른 사람도 자연스럽게 존중하고 사랑할 수 있는 것이다.

우리는 교육에서 인성교육이 매우 중요하다고 말하며, 지식보다 더 중요한 것이 인성이라고 말한다. 그래서 많은 학자들이 '인성은 21세기의 경쟁력'이라고 한다.

대전 대신학원의 인성교육의 핵심은 "당신은 사랑 받기 위해 태어난 소중한 사람이다." "예수님께서 우리를 사랑한 것 같이 너희들도 네 이웃을 내 몸과 같이 사랑하라"이다. 이런 기독교정신으로 아이들을 키우겠다고 설립한 학교이다.

기독교 신앙은 바로 이런 인성교육을 완성시키는 기본 정신이며 능력이다. 아이들은 지식을 먹고 자라는 것이 아니고 사랑을 먹고 자란다. 우리 학교는 그런 사랑으로 아이들과 학부모, 교사가 모두 행복해져야 한다는 의미로 '행복한 학교'를 교육 목표로 정했다. 아이들이 행복해지려면 '자신을 존중하고 사랑하는 마음'인 '자존감'이 있어야 한다.

다시 한 번 언급하자면 '생명을 살리는 교육'은 교사들이 부정적인 말은 하지 않고 사랑의 말, 긍정의 말, 격려의 말, 위로의 말, 인정의 말, 즉 생명으로 이르는 말만을 가지고 교육을 하는 것이 핵심이다.

제자들은 '사랑 받기 위해 태어난 생명'이라는 것을 선생님들이 몸으로 보여줄 때 아이들의 자존감은 살아난다. 자존감이 살아나면 희망도 생기고 꿈도 키울 수 있으며 행복을 느끼며 이웃도 어렵지 않게 사랑할 수 있다. 자존감이 살아나야 자율적인 학습도 향상시킬 수 있다. 그러나 이러한 '생명을 살리는 교육'은 신앙이 뒷받침되어 사랑으로 충만한 선생님이 아니면 온전히 실현시키기 어렵다.

아래의 그림처럼 생명을 살리는 교육을 잘하려면 바탕이 되어줄 영적 신앙심이 필요하다.

그 신앙심은 하나님의 사랑을 무기로 모든 갈등을 극복하고 치유하며 각자의 사명을 찾고, 사명을 감당해나갈 수 있도록 도와준다. 또한 기도는 하나님께서 늘 함께해주신다는 믿음을 갖게 해준다. 이것이 우리 학교의 신앙을 바탕으로 하는 인성교육이며 신앙이 교육에 필요한 이유이다.

한 가지 유념해야 할 것은, 우리의 목표는 아이들을 기독교인으로 만드는 것이 아니라 아이들의 삶 속에 기독교정신을 불어넣는 것이라는 점이다. 그것이 아이들의 인성과 삶을 풍요롭게 하기 때문이다.

기독교정신을 함양시킨다는 말은 기독교 교리를 칠판에 지식교육을 하듯이 교육시키는 것이 아니라 학교생활 속에서 아이들이 선생님에게서 그리스도의 향기를 느낄 수 있도록 몸으로 보여줘야 한다는 의미이다.

이제는 질문을 되돌려보겠다. "교육이 중요합니까, 신앙이 중요합니까?"

교육이란 도대체 뭘까? 지식을 쌓는 것은 교육의 지극히 일부분에 지나지 않는다. 필요한 지식을 효율적으로 잘 쌓으려면 지식을 수용할 수 있는 마음이 준비되어야 한다. 지식을 쌓는 것은 교육의 본질이 아니다. 필요한 지식을 자신이 선택해 잘 쌓을 수 있는 자질과 그릇을 만드는 것이 인성교육이며 그래서 인성교육이 중요하다.

대부분의 사람들은 죽음의 순간에 인생이 허무하다고 말한다. 지나온 삶을 돌이켜보면, 이기적인 인생이었기 때문일 것이다. 죽음의 순간에 내가 그동안 노력하며 얻은 것들이 나에게 아무 소용이 없음을 알게 된다. 반면 나의 삶이 이웃에게 큰 기쁨이 되기를 소원하며 산 사람들은 삶을 돌아보며 보람과 위로를 받을 것이고 비교적 잘 살았다고 생각할 것이다. 그리고 많은 사람들의 축복 속에 하나님 나라로 갈 수 있을 것이다.

이런 것들이 주입식 교육이나 어떤 교과목의 지식교육으로 가능하겠는가? 교사들도 일반인들과 똑같이 부양해야 할 가족이 있고 삶

속에서 복잡한 일들이 많기 때문에 그것을 극복해가며 학생들에게 지속적인 사랑을 준다는 것은 신앙적 바탕에서 나오는 에너지가 없으면 실현하기 어렵다.

하나님께 나아가려는 지속적인 노력을 통해 참 기쁨을 얻고 하나님께서 나에게 주시는 사명을 가슴에 새기고 학교에서 그것을 실천하는 신앙생활은 아이들의 인성교육에 절대적 도움을 주고 중요한 역할을 할 수 있는 것이다.

그렇기에 나는 신앙은 인성교육의 뿌리라고 생각한다.

기독교를 믿는 이유

우리는 행복해지기 위해 산다. 그러면 예수님의 말씀과 행복은 어떤 관련이 있는가? 하나님은 인간이 행복하고 평화롭게 살기를 원하신다. 우리가 하나님의 말씀을 믿고 닮고자 하는 것도 그래서이다. 하나님의 위로와 사랑과 평화, 또한 용서와 축복을 경험하며 위대한 감사를 배우고 나누는 것을 생활화함으로써 행복해질 수 있기 때문이다.

많은 사람들이 물질만능주의의 세태를 비판하면서도 그 속에서 쉽게 벗어나지 못하고 있는 것이 현실이다. 왜 그럴까? 죄 속에 있으나 그것을 죄라고 생각하지 못하기 때문에 쉽게 빠져 나오지 못하는 것이다.

하나님은 우리에게 그 죄가 어떤 것이라는 것을 알려주고 그 세상을 벗어날 수 있는 힘을 주신다. 나를 믿고 따라 오라고 우리에게 물질보다 더 소중한 것을 알려주셨다. 우리가 그 소중한 것을 지키지 못하면 우리는 결코 행복해질 수 없다.

서로 사랑하라. 믿음, 소망, 평화, 원수를 사랑하라. 외식하지 말라(~하는 척하지 말라). 세상의 빛과 소금이 되라. 항상 감사하라. 서로 용서하라. 노하지 말라. 악한 자를 대적하지 말라. 구제함은 은밀하게 하라. 보물을 하늘에 쌓아라. 좁은 문(어려운 길=천국)으로 들어가라. 낮은 곳에 거하라.

이런 하나님의 뜻을 실천하는 자는 천국에 갈 수 있다고 했다. 천국과 지옥은 다른 데 있는 것이 아니고 내 마음 속에 있다. 그래서 서로 사랑하며 양보하며 배려하며 평화롭게 지내는 것은 천국이며 행복이고 갈등하고 미워하고 서로 시기하고 사는 것은 지옥이며 불행인 것이다.

하나님의 나라를 예수님께서는 겨자 씨와 누룩에 비유했다. "하늘 나라는 채소밭에 갖다 심은 겨자씨 한 알 같으니, 자라 큰 나무가 되어 공중의 새들이 그 가지에 깃들었느니라. 또 이르시되 내가 하나님의 나라를 무엇으로 비교할까 마치 여자가 가루 서말 속에 갖다 넣어 부풀게 한 누룩과 같으니라"하셨다.

결국 하나님의 나라는 이 세상에 있는 것이 아니고 내 마음 속에 있는 것이다. 하나님 나라에 마음이 있는 사람은 어지러운 세상 속에서 빛과 소금의 역할을 하여 세상을 환하게 밝힐 수 있으며 사랑의 기적도 만들어낼 수 있다. 그 결과 새로운 역사들이 나타나기 시작하며 사람에게는 새로운 생명이, 가정에는 웃음이, 사회에는 정의와 평화가 이루어지기 시작한다.

교회는 하나님의 나라가 아니라 하나님의 나라를 만드는 도구일 뿐이다. "서로 분쟁하는 나라마다 황폐해질 것이요 스스로 분쟁하는 마을과 집마다 서지 못하리라." 우리가 살아 있다는 것은 아직 소망이 있다는 것이다. 소망이 없으면 살아 있어도 죽은 것이나 마찬가지다.

하나님은 인간들이 세상에 물들지 않고 서로 사랑하면서 행복하기를 바라신다. 그런데도 인간들은 자신의 탐욕을 버리지 못하고 반목하며 불행해한다.

시련과 역경이 없이 성공한 사람은 없다. 마찬가지로 행복이나 사랑도 편안하게 얻어지는 것이 아니라 사명과 신념, 자기희생과 헌신, 세상적 욕심을 버림으로써 얻어지는 안식과 평안함이다. 이 세상이 아니라 하늘에 재물을 쌓으려고 노력해야 비로소 참 기쁨과 감사를 알게 되고 행복해질 수 있는 것이다.

우리는 이러한 기독교정신으로 아이들을 인도하려 노력하고 있다.

습관
교육

교육은 좋은 습관을 만드는 것

많은 사람들이 에디슨을 가리켜 '머리가 좋아서 성공했다'고 하자, 그는 "머리는 1% 노력은 99%, 여러분들도 실험실에서 수만 번의 실패를 거듭한다면 충분히 나 같은 발명을 할 수 있다"고 말했다. 발명왕 에디슨은 머리가 좋았던 것이 아니라 실험실에서 수없이 실패를 거듭하면서도 포기하지 않고 끊임 없이 도전을 하였기에 많은 것들을 발명할 수 있었다. 실패를 해도 낙심하거나 좌절하지 않고 계속 도전하는 습관을 지녔기 때문에 성공할 수 있었던 것이다.

옛 속담에도 "좋은 습관은 기적을 낳는다"란 말이 있듯이 작은 반복을 통해 만들어진 좋은 습관은 그 사람의 삶을 성공으로 이끈다. 목적지에 도달치 못하는 것은 능력이 없는 것이 아니라 반복하지 않았기 때문이다. 한 알의 씨앗이 아름다운 민들레로 피어나는 것도 마찬가지다. 물과 흙, 공기를 좋아하며 섭취하는 것을 꾸준히 반복했기 때문에 그렇게 아름다운 꽃을 피울 수 있는 것이다.

《위대한 상인의 비밀》이란 책에 이런 글이 있다. "실패한 사람과 성공한 사람 사이에는 단 한 가지의 차이가 있을 뿐이다. 바로 습관의 차이다. 그러므로 성공의 법칙은 좋은 습관을 만들고 그 습관의 노예가 되는 것이다."

한참 자라나는 청소년들에게 우리가 가르쳐야 할 것 중에 가장 중요한 것이 바른 인성이다. 인성교육은 바른 가치관을 갖도록 교육하는 데 그치는 것이 아니라 동시에 그것이 몸에 배고 습관으로 자리 잡도록 돕는 것이다.

소치 동계 올림픽 금메달 리스트인 김연아가 올림픽 무대에서 그렇게 멋진 점프를 할 수 있었던 것도 엉덩이가 시퍼렇게 멍이 들도록 수없이 넘어지면서 무수히 많은 연습을 반복하여 몸에 배도록 만들었기 때문이다. 그녀의 훌륭한 트리플 악셀 점프는 그렇게 탄생했다. 반복이 기적을 만든 것이다. 이렇듯 기적은 커다란 모험에서 오는 것이 아니라 작은 반복으로 만들어진 습관에서 만들어진다. 엄청난 재난도 자세히 관찰해보면 사소한 습관과 작은 실수의 반복에서 일어난다.

습관이란 어떤 것인가? 우리의 몸에 배어 무의식적으로 나오는 행동이다. 생각해서 하는 것은 아니라 무의식 상태에서 그렇게 하는 것이 습관이다.

예를 들어 긍정적인 마음을 갖는 것도 긍정적 생각을 한 번 갖는다고 저절로 되는 것이 아니라 매사를 긍정적으로 생각하고 긍정적인 행동을 자꾸 하다 보면 긍정적인 사람이 되는 것이다. 웃음도 그렇다. 웃을 일이 없더라도 자꾸 웃을 거리를 찾아 웃으려 노력하고 감사할 것들을 찾아 기쁜 마음으로 감사를 드리면, 남이 보기에 항상 웃는 얼굴이 될 뿐만 아니라 자기의 삶도 웃음처럼 밝아진다. 습관은 우리의 삶을 지배하고 우리가 원하는 삶을 만들어주는 비법이다.

세상 그 누구도 성공하고 싶지 않은 사람은 없다. 그러나 성공의 성패는 뚜렷한 삶의 목표를 가지고 좋은 습관을 누가 많이 가지고 있느냐에 달려 있는 것이다.

공부는 중국어로 쿵후工夫라고 한다. 쿵후의 뜻은 '몸으로 체득하여 익힌다'이다. 몸으로 체득한다는 것은 바로 몸으로 습관을 만든다는 것이다. 이것이 공부이다. 즉, 공부를 한다는 것은 습관을 만드는 것이다.

좋은 습관이 어떤 것들이 있는지 살펴보면, 긍정적 마음, 감사하는 마음, 바른 자세, 웃는 얼굴, 나눔, 청결, 인사, 예절, 언어, 운동, 독서습관, 수면(취침), 토론, 봉사, 불굴의 정신, 협동 등이 있다. 습관으로 만들어야 할 것들이 이렇게 많은 줄 몰랐을 것이다. 그렇다면 자라나는 청소년들에게 어떤 것부터 습관이 들게 해야 할까?

그 첫 번째가 바로 바른 자세다. 대전 대신학원에서는 차밍스쿨이란 프로그램을 시행하고 있는데, 여기에서 가르치는 첫 번째 바른 자세가 긍정적인 마음과 웃는 얼굴이다. 이 두 가지는 하나로 연결되어 있다. 긍정적인 마음을 가지지 않으면 계속해서 웃는 얼굴을 할 수 없다. 사실 나는 이 습관 하나만 가지고 있어도 아이들이 향후 먹고 사는 데 별 지장이 없다고 생각한다. 그만큼 긍정적인 마음과 웃는 얼굴은 살아가는 데 매우 귀중한 자산이다.

그런데 아이들이 이 습관을 빨리 터득하게 하려면 선생님들이 생활 속에서 손수 본을 보여주어야 한다. 하얀 도화지 같은 아이들은 보는 대로 배우기 때문이다.

중고등학교 시절이란 아이들에게 보다 많은 것들을 경험하게 하고, 좋은 습관을 많이 만들 수 있도록 도와주는 교육의 황금기이다. 나는 믿는다. 앞서 말했던 "좋은 습관은 기적을 낳는다"라는 속담을.

우리 아이들이 터득해야 할 습관의 종류를 여덟 가지로 요약해 보았다.

1 생각습관 어려운 일도 긍정적인 생각으로 추진을 하면 이룰 수 있는 경우가 많다. 또한 이웃과 더불어 살고자 하는

사람은 덕이 있으며 그 덕은 21세기의 경쟁력일 뿐만 아니라 자신의 능력을 배가시키며 사람을 지혜롭게 만든다.

2 **자세습관**   바른 자세는 사람의 인생을 바꾼다. 자세가 바르면 건강은 물론 지구력이 좋아지며, 생각도 반듯해진다. TV 저녁뉴스 시간 끝에 등장하는 기상 캐스터들의 자세를 보면 바른 자세가 어떤 것이고 그것이 얼마나 아름다운지 알 수 있다. 바른 자세는 건강을 지켜줄 뿐만 아니라 사람의 인격을 나타내는 매우 큰 경쟁력이다.

3 **운동습관**   청소년 시절 운동습관을 들이면 평생 건강하게 체력을 유지할 수 있으며 어려움을 만나더라도 그것을 극복하는 힘이 생긴다. 또한 운동은 스트레스를 풀어주고 두뇌를 발달시킨다. 운동습관이 한번 몸에 배면 운동을 안 하면 좀이 쑤신다. 몸이 운동을 해달라고 한다. 그게 바로 습관이다.

4 **독서습관**   그냥 많이 읽는 것이 아니라 저자가 책을 통해 무엇을 얘기하려고 하는지 키워드를 생각하며 읽어야 한다. 그런 방법으로 책을 많이 읽은 사람은 일의 핵심을 잘 파악하므로 능률적으로 일을 잘할 수 있다.

5 **봉사, 배려, 나눔의 습관**   이 습관을 가지고 있는 사람은 주변에 좋은 사람들을 많이 모여든다. 바로 성공의 지름길이다.

6 **말하기습관**   말을 할 때는 항상 친절한 말, 배려의 말, 긍정

의 말, 사랑의 말들을 하며 자기가 말하고자 하는 키워드를 생각해서 간결하게 논리적으로 말하는 습관을 기른다. 말은 생각능력과 토론을 통해 길러지며 말할 때의 자세는 단정하고 자연스런 자세가 좋다.

7 **공부습관**　이제는 학생시절에만 공부하는 시대가 아니라 평생 공부하는 시대가 되었다. 그렇게 평생 연구하고 탐구하는 생활은 사람을 지혜롭게 만든다. 공부는 생각능력을 키우는 것으로 이성적 비판critical thinking을 할 수 있는 생각을 키워야 한다.

8 **생활습관**　인사습관, 음식섭취습관, 청소습관 등 많은 것이 있지만 좋은 생활습관은 사람을 건강하고 균형 있게 만들어 준다.

아이들의 미래를 바꾸는
자세습관 교육 Charming school

곧게 뻗은 허리, C형의 곡선을 이룬 목, 바르게 선 두 다리! 저녁 TV 뉴스의 기상 정보 코너를 진행하는 여성 기상 캐스터들의 표정과 자세를 잘 관찰해보라. 어깨를 쫙 펴고 반듯하게 서 있는 자세가 얼마나 아름답고 보기 좋은지.

기상 캐스터로 활동하려면 자세에 대한 올바른 습관을 가지고 있는 사람들도 오랫동안 자세 교정을 받아야 한다. 어디 기상 캐스터 뿐인가 모델이나 가수가 되려고 해도, 정치인 같은 지도자가 되려고 해도 자세가 바르고 품위가 있어야 한다. 취직을 위한 면접을 볼 때도 어깨를 쭉 편 상태에 자세가 의젓하고 당당하면 일단 좋은 점수를 받는 데 유리하다는 것은 이미 모두가 알고 있는 사실이다.

과거 조선시대에는 머리에 갓을 쓰면 고개나 자세가 조금만 기울어도 사람이 삐뚤게 보이므로 양반들은 어린 시절부터 가정에서 자세교육을 시켰다. 그래서 갓을 안 썼다 하더라도 자세만 보면 양반인지 상놈인지 바로 알 수 있었다고 한다.

수백 년이 지난 오늘날의 아이들은 영양상태가 좋아 조선시대 아동들보다 키와 체격이 월등하다. 그런데 내가 고등학교 졸업식에 참석해 학생들을 살펴보니, 70% 이상의 아이들이 어깨를 웅크리고 꾸부정히 앉아 있었다. 졸업식에서마저 그런 모습들을 보고 자세교육의 필요성을 절감했다.

조선시대에도 해왔던 자세교육이 오늘날 우리 중등교육 과정에는 없다. 정식 교육프로그램으로 당연히 들어 있어야 함에도 불구하고 입시교육에 가려져 아예 존재조차 무의미해져버린 것이다. 현재 우리나라의 중고등학교에는 공식적으로 자세에 대한 체계적인 교육이나 자세 교정 프로그램이 전무한 실정이다.

한참 자라나는 청소년들에게 자세교육이야 말로 매우 중요한 습관교육 중 하나다. 자세에 관심을 가지고 자기 자세의 약점과 불균형을 파악하고 훈련을 통해 올바른 자세를 만든다면 건강한 몸은 물론, 자신감 있고 품위 있는 자세로 자신의 인생을 바꿀 수 있다. 삶에서 자세가 얼마나 중요한지 깊이 있게 성찰하여 바르게 바꾸어주어야 한다.

그래서 대전 대신중고교에서는 바른 자세교육인 차밍스쿨Charming School 프로그램을 시작했다. 얼핏 모델학교나 댄스강습소를 떠오르게 하는 단어다. 하지만 대전 대신중고교에서 진행하는 '차밍스쿨'이란 자신의 매력을 마음껏 펼칠 수 있도록 자신의 자세나 몸매를 바르게 하는 자세습관을 만드는 시간이다. 자세습관 교육인 이 프로그램을 좀 더 구체적으로 살펴보면 다음과 같다.

첫째, 웃는 얼굴이다. 웃는 얼굴은 사람을 아름답게 만들고 주변 사람들을 편안하게 해주며 이 사회를 건강하고 밝게 만든다.

둘째, 바른 자세는 건강을 지켜준다. 요즘 청소년들은 영양상태가 좋아 키도 크고 덩치가 좋은데 반해 자세교육이 안 되어 있어 어린 나이에 척추측만증, 목 디스크, 허리 디스크 환자들이 많다. 등이 굽은 아이들이 많은 것은 두말할 것도 없다. 어린 시절부터 자세교육을 잘 시켜주면 청소년들을 척추 질병 등으로부터 보호해줄 수 있다. 바른 자세는 또 성장을 촉진시키며 지구력과 인내심이 높아져 정신력도 강화된다. 현재 우리나라의 의료보험 재정 적자도 심각한 상태인데 향후 온 국민이 이러한 프로그램을 접할 수 있게 된다면 국민

의료비용도 현격히 줄어들 것이라 생각한다. 그만큼 바른 자세는 국민건강에 엄청난 기여를 할 수 있다.

셋째는 마인드 컨트롤이다. 바른 자세가 건강한 몸을 만드는 것은 물론이지만 자세가 바뀌면 생각도 바뀐다. 좋은 자세습관을 만들면 자존감이 상승하여 생각도 건전해지고 행실도 바르게 된다. "좋은 습관은 기적을 낳는다"고 한 말처럼 기적이 일어나는 것이다.

넷째, 매력을 키운다. 바른 자세는 사람을 아름답고, 품격 있고, 매력 있게 만든다. 어깨를 활짝 펴고 바른 자세를 하고 있는 사람은 품위가 있고 아름답다. 아나운서나 모델들이 멋있게 보이는 이유이기도 하다. 애견 경연대회에 나가봐도 자세 좋은 개가 일반 개에 비해 20~30배나 높은 가치를 평가 받는다.

그럼 차밍스쿨에서는 좋은 자세를 위해 학생들에게 어떤 것을 교육할까?

첫째, 최대한 밝게 웃는 표정이다. 아무리 신체의 자세가 좋아도 웃는 얼굴이 아니면 의미가 없다. 둘째, 가슴과 어깨를 활짝 펴고 턱을 당기고 머리를 수직으로 세워, 몸을 바르게 하고 걷거나 앉는 자세이다. 이는 측만증, 목 디스크를 예방하고, 지구력을 높여주며 보기에도 당당하고 매력이 있다. 셋째, 여덟 8자로 걷지 않고 11자로 걷는 자세이다. 여덟 8자로 걸으면 척추협착증이나 디스크를 유발할 수 있을 뿐아니라 보기에도 좋지 않다. 뿐만 아니라 신발 바닥의 바깥이 먼저 닳아 자세가 더 삐뚤어진다. 11자로 걷는 모습은 단정해 보이고 아름답다. 넷째, 사람을 쳐다볼 때 곁눈질 하지 않고 고개를 돌려서 바라본다. 곁눈질 하는 습관은 눈치를 보는 것 같아 사람을 궁색하게 만들며 당당해 보이지 않는다. 다섯째, 어깨를 기대고 앉는 습관을 하지 않도록 한다. 기대고 앉는 습관은 허리를 휘게 만들며 측만증, 허리 디스크를 유발한다. 여섯째, 무거운 물건을 들 때 허리를 굽히지 말고 바로 세워서 든다. 허리 보호를 위한 일상적 습관을 만드는 것이다.

자세를 바로잡기 위해서는 바른 자세습관을 들이는 것이 중요하다. 가벼운 경우는 자세습관만 바꾸어도 교정이 가능하다. 심한 경우는 카이로프랙틱chiropractic이라는 척추교정기관에서 도움을 받을 수 있다. 그러나 자세 교정을 받았다 하더라도 그 상태를 유지하기 위해서는 뼈대를 구성하는 좌우의 인대와 근육의 균형을 맞춰줘야 자세가 바르게 유지되므로 의사의 도움을 받으며 필요한 교정 운동을 해줘야 한다. 구체적인 자세 교정 프로그램은 다음과 같다.

|자세 교정 프로그램|

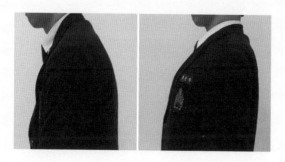

바른 자세의 중요성 설명

· 바른 자세는 사람들에게 좋은 인상으로 호감을 주며, 신뢰감을 느끼게 한다.

· 바른 자세는 혈액순환을 원활히 하여 성장을 촉진시킨다.

· 바른 자세는 질병을 예방한다(목, 허리 디스크, 척추측만증, 두통 등).

· 어깨를 편 당당하고 의젓한 멋진 자세는 남녀 불문 매력 포인트 이다.

자세 교정 순서

· 먼저 자신의 자세를 사진으로 찍어 문제점을 파악한다.

· 자세 펴기 훈련을 시행한다.

· 자세교육 1년 후 다시 사진을 찍어 변화를 본다.

자세 교정 프로그램(상세)

· 항상 상대방에게 편안함을 주는 웃는 얼굴 만들기.

· 차려 자세에서 가볍게 턱을 당기며, 머리카락을 하늘에서 잡아 당기는 듯한 자세, 등을 펴고 양 무릎은 제대로 붙이고, 시선은 정면을 응시한다.

· 어깨는 지나치다는 느낌이 들 정도로 뒤로 젖힌다.

· 다리는 11자 걸음으로,

· 무릎과 무릎이 벌어지지 않도록 한다.

· 단전에 약간의 힘이 들어가 있게 한다.

· 운동 후 5~10분 정도 몸을 풀고 스트레칭을 해준다.

자세의 종류

· 미소 짓는 얼굴

· 차려 자세

· 앉은 자세

· 걷는 자세

· 일하는 자세(허리 보호)

· 명상

· 스트레칭, 체조

관련 서적 소개

· 《평생 바른 몸 만드는 자세혁명》(이동엽, 동양일보사, 2013)

· 《척추교정과 자세 교정법》(김진태, 건강다이제스트사, 2002)

서 있는 자세만 보아도 그 사람의 품격을 느낄 수 있는 것처럼 바른 자세는 인격을 나타내며 신뢰를 준다. 또한 바른 자세는 지연히 바른 마음을 유도하므로 성공적인 삶을 이루는 데 매우 중요한 요소이다.

자세는 무의식 중에도 나와야 하므로 반복훈련이 무엇보다 중요하다. 하지만 아이들이 좋은 자세를 습관으로 만들기 위해서는 자세 교정 교육프로그램이 만들어져야 하고 척추 관련 의사와 유기적인 관계를 맺고 있어야 한다.

학교에서의 차밍스쿨은 체육교사 혼자 하는 것이 아니고 자세 교정 교육프로그램을 가지고 모든 교사들이 함께 본을 보이며 지도를 해야 교육효과를 볼 수 있다.

독서습관이 국가 경쟁력을 높인다

우리는 어린 시절부터 어른들과 선생님들에게서 독서를 많이 해야 한다고 들어왔다. 그래서 독서를 많이 하면 견문이 넓어진다는 것은 상식적으로 알고 있지만, 구체적으로 어떻게 좋은지는 교육받지 못했다.

책을 읽는다는 것은 견문을 넓히는 것은 물론, 독서를 통해 다양한 간접 경험을 하게 되어 사고가 넓어지고 생각이 열리며, 이해력이 높아져 세상에 대한 생각능력을 키우게 되는 것이다. 독서가 그렇게 중요한 교육 중 하나인데도 학교에서 독서 기술이나 독서법을 배워본 적은 없다. 이는 수영을 잘해야 한다고 하면서 수영 기술은 가르치지 않는 것과 똑같다.

교육은 자존감을 살려주고 좋은 습관을 만들어주는 것이라 할 수 있는데 독서야말로 청소년기에 만들어야 할 매우 중요한 습관 중의 하나다. 그런데 요즘 TV나 라디오 등 다양한 미디어의 등장으로 독서가 옛날만큼 중요시되지 않는 경향이 있다. 미디어의 영향으로 정보의 홍수 속에 살고 있지만 정작 사물의 올바른 모습을 보기가 어렵다. 정보가 너무 많아 사물을 이해하는 데 방해가 되는 일이 종종 있기 때문이다.

중고등학교에도 아이들에게 책을 읽으라고만 할 게 아니라 책 읽는 방법을 가르치는 수업이 있어야 한다. 그리고 습관이 되도록 아이들에게 독서할 수 있는 시간을 주고, 독서 유도 프로그램을 만들어 인도해야 한다. 청소년 시기에 독서습관이 만들어지면 일생을 살아가는 데 큰 도움이 되는 것은 물론이며, 독해력이 생기면 정보 습득 능력이 향상되어 학습능력이 올라가고 창의력도 배가 되어 자신의 능력을 확장시키는 데 절대적인 역할을 한다. 이렇게 독서능력은 개인의 능력을 넘어 결국 나라의 경쟁력이 된다.

독서를 나라의 경쟁력으로 생각하고 국민 독서 운동을 펼쳤던 핀란드의 예를 살펴보자. 핀란드의 지도자들은 독서를 국가 경쟁력의 핵심으로 보았다. 세계 교육 1위로 인정을 받고 있는 핀란드는 650년간 스웨덴에게, 108년간 러시아에게 지배를 받았으며, 2차세계대전 후에는 유럽에서 가장 가난한 나라였다. 1990년대에는 경제 불황으로 유럽의 문제아 취급도 받았었다.

핀란드는 한반도 면적의 1.5배, 국토의 1/3이 호수로 되어 있으며 인구는 550만, 산림과 수자원이 유일한 천연자원인 나라이다. 경제적 어려움을 극복하기 위한 방안을 검토하던 핀란드 지도자들은 국가 경쟁력의 핵심은 독서라고 판단했다. 독서능력의 향상 없이는 국가 발전도 없다고 생각했다. 그래서 독서를 통해 국가 경쟁력을 확보하겠다는 정책을 마련하고 국민 독서 운동을 펼치기 시작했는데 그야말로 인문학적 정책의 훌륭한 예가 아닐 수 없다.

핀란드 정부에서는 책을 제대로 읽지 못하거나 독서능력이 낮은 사람들을 독서장애인으로 규정했다. 독서장애인들은 정보 습득에 뒤쳐져서 옳고 그름을 잘 분간하지 못하고 원활한 의사 소통에 지장이 있어 사회적 공감대 형성에 문제를 겪는다. 지도자들은 이러한 점이 민주주의 실현을 어렵게 한다고 생각했으며 그것이 국가 경쟁력을 약화시킨다고 보았다. 그래서 국가 차원에서 독서 기반 조성을 위해 막대한 예산을 들여 지역마다 곳곳에 공공 도서관을 세워 국민들이 자유롭게 책을 접할 수 있게 했으며, 또한 독서장애인들의 치료를 위해 여러 가지 프로그램을 가동하기 시작했다. 그 결과가 지금의 핀란드이다.

이렇듯 독서는 나라 경쟁력의 중요한 핵심 요소이다. 독서를 통해 정보와 지식에 대한 이해가 밝아지면 소통이 원활하게 되고, 민주주의도 경제 발전도 저절로 이루어진다.

핀란드의 가정에서는 어린 시절부터 잠자기 전에 부모가 책을 읽어주는 것이 중요한 일과 중의 하나이며 일주일에 한 번 정도는 아이와 함께 지역 도서관을 방문하여 사서 교사가 들려주는 이야기를 듣게 한다. 이렇듯 핀란드 국민들은 독서를 일상생활로 승화시켰고 그래서 세계 교육 부문 1등 국가가 되었으며 국가 경쟁력도 높이게 되었다. 이제 우리 학교에서도 독서하는 환경을 만들고 독서하는 방법을 가르쳐 아이들의 독서습관을 길러줌으로써 개인의 경쟁력 향상을 통한 나라의 경쟁력을 키울 때이다.

청소습관 교육

2010년 이사장으로 부임하고 학교에 처음 갔을 때, 4만 평이나 되는 넓은 학교는 청소를 하지 않아 곳곳에 쓰레기가 난무했고 더러웠다. 유리창은 닦지를 않아 뿌연 모습이었다. 왜 청소를 안 시키고 유리창을 안 닦느냐고 물었더니, 공부하는 데 시간이 낭비되고 아이들이 유리창 닦다가 떨어질까 위험해서라고 했다. 그러면서 당시 교장은 쓰레기를 아무데나 버리지 말라고 아무리 교육해도 소용이 없다고 하소연하였다.

아이들이 지저분하게 생활하는 원인을 찾기 위해 학교를 둘러보니 쓰레기 분리수거 시스템이 갖춰져 있지 않았고 교사들도 청소에 관심을 갖지 않았다.

사람들은 지저분한 곳엔 쉽게 쓰레기를 버리지만, 깨끗한 곳에서는 쓰레기를 함부로 버리지 않는 속성이 있다. 이와 같은 인간의 속성을 이해하지 못하면 교육을 올바로 할 수가 없다. 요즘은 다들 자녀들을 귀하게 여겨서 그런지 공부를 하라고는 해도 청소를 시키는 가정은 그리 많지 않은 것 같다. 예로부터 귀한 자식은 귀한 옷을 안 입힌다는 말이 있다. 귀한 자식 일수록 더 궂은 일을 시켜야 인격이 성숙해진다는 얘기다. 자식을 균형 있게 성장시키려면 화장실 청소부터 가르치고 생활습관이 되도록 유도해야 한다.

나의 할아버지는 충남 청양군 비봉면 양사리 두메산골의 소작농

이셨다. 보릿고개라는 말이 있을 정도로 먹을 것이 없어서 힘들게 견뎌야 하는 시절이었다.

어려운 살림살이라 장판을 설치할 돈이 없어 방바닥에 멍석을 깔고 잤는데 매일 아침이 되면 직접 멍석을 걷고 황토 방바닥을 깨끗이 쓸고, 멍석을 털어 햇볕에 말렸다가 다시 까셨다고 한다. 그리고 옷은 누덕누덕 기워 입었어도 항상 깔끔하게 빨아서 입으셨다. 비록 가난했지만 항상 청결하게 주변을 잘 청소하고 정리정돈을 하며 사셨다고 한다. 그런 모습을 보고 자라서인지 선친께서도 항상 청결하셨다. 나의 청소년 시절에도 새벽이 되면 어머니께서는 화장을 이미 다 하시고 단정한 한복 차림으로 머리엔 청소 두건을 쓰시고 한 손엔 총채를 들고 창문을 열며 "청소해야 하니 일어나라"고 자식들을 깨우셨다. 부지런하셨던 어머니는 살림살이 정리정돈에 완벽하신 것은 물론 자식들에게 아침에 부시시하게 화장 안 한 얼굴 한 번 보이지 않으셨다.

그렇게 청결하고 부지런한 부모 밑에서 자라서 그런지 나 역시 서류와 책상 정리, 주변을 정리정돈하고 청소를 하고 나면 머릿속이 맑아진다. 해야 할 일과 미결되었던 것들도 정리가 되어 개운해진다. 책상 위와 책상 속 그리고 방 안이 깔끔하게 정리정돈되어 있으면 마음도 차분해진다. 이것이 바로 습관이다. 나의 이런 습관은 깔끔하게 집 안을 관리하셨던 어머니의 영향이다.

지인들의 가정을 방문해보면 부유하지는 못해도 집 안을 정갈하게 정리정돈을 잘 하고 사는 사람이 있는가 하면, 부유한 사람이라도 청결하지 못하고 지저분하게 사는 사람이 있다. 청소와 청결은 어린 시절부터 습관으로 몸에 배지 않으면 나이가 들어서도 잘 바뀌지 않는다.

학교에서의 교육이 학습 위주로만 이루어지다 보니 선생님들이 청소교육에 대한 중요성을 인식하지 못하는 경향이 있다. 청소에 대한 교사의 인식이 바뀌지 않으면 아이들에게 청소습관을 만들어주기 어렵다.

아이들의 자립심을 키우기 위해서는 첫째로 자기 주변을 청소하게 해주어야 한다. 평생 살아가면서 청소를 안 하고 사는 사람은 없을 것이다. 아무리 부자라도 자기 물건들은 자기가 치울 수밖에 없다. 청소는 위생적인 면에서도 중요하지만 정신을 맑게 하고 마음을 가다듬는다는 면에서 옷을 단정하게 입는 것과 비슷한 장점이 있다. 교사가 진두 지휘하며 가르쳐야 할 매우 중요한 덕목이다.

중고등학교는 학교 운영비에 청소 용역 예산이 없으므로 용역을 사용할 수도 없지만, 설사 있다 하더라도 교육적 차원에서 아이들에게 직접 청소하는 법을 가르쳐야 한다. 화장실 청소까지도 청소하는 법을 가르쳐야 한다. 그래야 균형 잡힌 인간으로 성장할 수 있다.

중고등학교의 교사가 청소교육의 중요성을 이해하지 못하면 교육을 절반만 이해하고 있는 것이다. 이 의견에 이의를 제기하는 분들이 계실지 모르겠으나 교육대학 교사 양성 교과목에 청소교육이 없다 하더라도 청소는 그 자체가 삶의 일부다. 교육이란 지식만 전달하는 것이 아니고 삶을 가르치는 것이며, 교장이자 목사인 김요셉 선생님의 말씀처럼 '교육이란 삶으로 가르친 것만 남는다'는 것을 한시도 잊어선 안 된다.

그래서 우리 학교에서 청소를 시작했다. 쓰레기통을 곳곳에 설치를 하고 분리수거를 체계적으로 할 수 있도록 분리수거 시스템을 구축했다. 각 반의 교실 청소는 물론이고 넓은 교정을 구체적으로 구획을 나누어 청소 담당 반을 지정하고 청소를 시작했다. 이 모든 것은 하루에 20분씩만 하면 충분하다.

유리창 청소는 위험을 줄이기 위해 문짝을 떼내어 화장실로 가져가 물 세척을 하고 마른 걸레질을 하여 다시 설치하는 방법을 이용했다. 그리고 복도와 교실 바닥의 찌든 때는 자동바닥세척기를 마련하여 행정실 직원들이 1년에 2번씩 세척을 하도록 했다.

아무 곳에나 쓰레기가 나뒹굴던 학교가 깨끗해지기 시작했다. 학교가 깨끗해지니 아이들이 쓰레기를 함부로 버리는 일이 현격히 줄어들었다. 이제는 교정에서 쓰레기를 발견하기가 어렵다. 이러한 환경에서 3년간 자라는 아이들에게는 청소하는 습관이 자연스레 만들어져 자율적인 좋은 습관으로 자리 잡게 될 것이다. 바로 이런 것이 삶으로 가르치는 살아 있는 교육이다.

성공을 부르는 습관, 석가의 무재칠시 無才七施

불가에서 전해지는 가르침이다. 어떤 이가 석가모니를 찾아가 하소연을 하였다.

어떤 이 저는 하는 일마다 제대로 되는 일이 없으니 도대체 무슨 연유입니까?

석가모니 그것은 네가 남에게 베풀지 않았기 때문이니라.

어떤 이 저는 가진 것이 아무것도 없는 빈털터리입니다. 남에게 줄 것이 있어야 베풀지 않겠습니까?

석가모니 그렇지가 않느니라 아무리 가진 것이 없어도 남에게 줄 수 있는 것이 일곱 가지나 있느니라. 이 일곱 가지를 행하여 습관이 붙으면 너에게 행운이 따르리라. 첫째는 화안시和顔施, 얼굴에 화색을 띠고 부드럽고 정다운 얼굴로 남을 대하는 것이요. 둘째는 언시言施, 말로서 얼마든지 베풀 수 있으니 사랑의 말, 칭찬의 말, 위로의 말, 격려의 말, 부드러운 말 등이다. 셋째는 심시心施, 마음의 문을 열고 따뜻한 마음을 주는 것이다. 넷째는 안시眼施, 호의를 담은 눈으로 사람을 보는 것처럼 눈으로 베푸는 것이요. 다섯째는 신시身施, 몸으로 때우는 것으로 남의 짐을 들어준다거나 일을 돕는 것이요. 여섯째는 좌시座施, 자리를 내주어 양보하는 것이요. 일곱째는 찰시察施, 굳이 묻지 않고 상대의 속을 헤아려서 도와주는 것이다.

가르침을 받은 젊은이는 그날부터 밑져야 본전이다라는 생각으로 삶 속에서 일곱 가지를 실천했다. 그리고 3년이 흘렀다. 그런데 어느 날 나이가 지긋한 이웃 영감이 찾아 오더니 자기와 사업을 같이 해보지 않겠냐는 제안을 했다. 젊은이가 자신은 가진 게 아무것도 없어서 동업을 할 수가 없다고 대답하자 그는 이렇게 말했다. "자네를 3년 동안 지켜보았는데 신뢰를 할 수 있는 사람 같아서 같이 일을 하고 싶네." 자금은 자신이 다 댈 테니 일만 해주면 된다는 것이었다. 그런 인연으로 젊은이는 동업을 하게 되었다. 그렇게 월급도 부족하지 않게 받으면서 동업을 시작한 지 3년이 흘렀고 사업도 제법 잘 되었다.

어느 날 노인이 불러서 갔더니 돈을 한 보따리 내어놓는 것이었다. 이게 웬 돈이냐고 물으니 자신은 이제 살만큼 살았고 가족도 없는 몸이니 사업을 키우든 자선사업을 하든 필요한 데 쓰라는 것이었다. 그러면서 자네 같은 사람은 믿을 수 있는 사람이라 맡기는 것이라고 하였다. 그 영감님은 얼마 지나지 않아 돌아가셨다. 젊은이는 '무재칠시'를 오랫동안 실천하다 보니 이미 습관이 되었고 결국 부자가 되었다. 그는 오랫동안 잊고 지냈던 석가모니의 말씀 '무재칠시'를 떠올렸다. 그러면서 자기 인생을 바꾸어준 그 선생님 계신 곳을 향하여 감사의 절을 올렸다.

이기주의가 팽배한 지금의 사회 속에서 이런 사람을 만난다면 매우 신기할 것이다. 그렇지만 사람들은 바로 이렇게 사랑을 나누는 사람을 좋아할 수밖에 없다. 석가의 '무재칠시'에 대한 가르침은 손 안에 꼭 쥐고 있으면 복이 들어 오지 않고, 손을 펴고 나누어야 큰 복이 들어 온다는 말씀이다. 요즘을 살아가는 청소년들이 이 석가모니의 가르침을 몸소 따르고 습관을 들인다면 분명 성공적인 삶을 살 수 있을 것이다.

끝으로 진정한 성공에 꼭 들어 있는 세 가지 'C'가 있다. 첫째는 '만족contentment'이다. 자신이 이룬 것에 대해 만족하며 감사할 줄 알면 성공한 것이다.

둘째는 '평온함calmness'이다. 아무리 성공했다고 여겨져도 마음에 평온함이 없으면 성공이라 할 수 없다.

마지막은 '관계connection'다. 자신을 둘러싼 사랑하는 사람들과 성공의 기쁨을 공유할 수 있어야 한다. 아무리 성공했다 하더라도 주위에 그 기쁨을 함께할 사람이 없다면 그 성공은 무의미한 것이다.

진정한 성공을 하고 싶은 사람은 이 세 가지를 염두에 두고 되새겨야 할 것이다.

운동습관은 두뇌를 키운다

운동은 다이어트나 성인병을 치유하기 위한 치료법일
뿐만 아니라 신체의 혈액순환을 원활하게 하여 저항력을 키워주고,
질병으로부터 몸을 보호한다. 그래서 많은 의학자들은 운동은 인간
에게 어떠한 약보다 훌륭한 '마법의 약'이라고 표현한다. 전인교육에
서도 운동의 중요성을 강조했지만 운동을 꼭 해야 하는 또다른 중요
한 이유는 두뇌를 발달시키기 때문이다.

뇌가 존재하는 이유는 생각을 하고 기억하고 인식하기 위해서
다. 하지만 더 중요한 사실은 뇌가 사람이 동작하고 움직이기 위해서
존재한다는 것이다. 이렇게 운동은 두뇌 발달에 결정적인 역할을 한
다. 그렇기 때문에 청소년 시절에 운동습관을 만드는 것이 매우 중요
하다.

뇌가 존재하는 이유 중 가장 중요한 것이 움직이기 위해서이다.
신경과학자 다니엘 울퍼트Daniel Wolpert는 주위 사물을 인지하는 것,
생각하는 것, 기억하는 것 등의 두뇌 활동이 미래의 움직임에 아무런
영향을 미치지 못한다면 중요하지 않은 것으로 간주되어 퇴화한다고
했다.

유아교육에서 널리 사용되는 몬테소리 교육의 교구는 유아들이
감각적으로 손가락 움직이는 놀이를 통해 두뇌를 발달시키고 집중
력을 키운다. 일반 동물들보다 인간이 커다란 뇌를 갖게 된 이유도

인간에게 생존하기 위해 복잡하고 다양한 움직임이 필요했기 때문이다.

현대 사회와는 많이 다르지만 수렵채집 시절 움직인다는 것은 곧 생존이었다. 음식을 구하기 위해 여기 저기 뛰어다녀야 했고 과일이 나오는 곳을 기억해뒀다가 다시 따오기도 하고 사자 같은 맹수들이 자주 출몰하는 지역은 피하여 이동했으며, 사냥할 때는 사냥감의 이동 행적을 예상하며 움직이고, 수렵 도구를 활용하기 위해선 다양한 몸 동작을 예민하게 움직여야 했다. 이렇게 복잡하고 다양하게 움직이려면 큰 두뇌가 필요했으며, 기억력과 인지력은 우리의 움직임을 도왔다.

오늘날 로봇의 발달이 비약적이지만 인간처럼 움직이는 로봇들의 움직임을 보면 아직도 어린아이의 걸음걸이를 벗어나지 못하고 있다. 그만큼 어떤 동작을 한다는 것은 복잡한 두뇌의 명령을 필요로 하는 것이다. 그것을 보면 인간이 움직이기 위해 왜 큰 두뇌와 복잡한 기능이 필요한지 충분히 짐작이 간다.

운동을 잘하는 학생이 공부도 잘한다는 결과도 나와 있으며, 규칙적인 운동은 치매를 예방한다는 연구도 있다. 운동할 때 분비되는 도파민, 세로토닌, 엔도르핀, 노르에피네프린, BDNF 등 뇌의 기능에 관여하는 화학물질들은 운동이 뇌와 얼마나 밀접하게 연관되어 있는지를 보여준다.

움직임의 수고를 덜어주는 테크놀로지에 기대어 오랫동안 컴퓨터 앞에 앉아 움직이지 않고 대부분의 시간을 보내면 우리 후손들의 뇌는 어떻게 바뀔까? 그 결과는 어렵지 않게 예측할 수 있을 것이다.

운동의 중요성을 인지한 선진국에선 체육을 가장 중요한 과목으로 여기고 있어서 학생들의 체육 활동 시간을 늘리는 추세이며, 우리나라 민사고 학생들은 아침 6시에 일어나 6시 반부터 7시까지 운동을 한다.

운동을 하는 목적이 신체의 건강뿐 아니라 두뇌의 발달을 위한 것임을 알아야 한다. 우리 교육은 그동안 운동을 너무 과소평가해왔다. 그래서 시험 공부를 해야 하기 때문에 고등학교의 2, 3학년은 체육시간이 없는 학교도 많다고 들었다. 이는 교육이 뭔지 모르기 때문에 일어나는 현상이다. 잘 때는 자고 공부할 때는 공부하는 생활의 리듬을 잘 만들어야 공부도 잘하는 것이다.

운동은 스트레스도 풀어주고 생활의 리듬을 만들어줘서 건강한 생활을 할 수 있게 해준다. 또한 두뇌의 발달은 육체 운동을 통하여 이루어지므로 청소년 시절에 운동습관을 만든 사람들은 자연히 평생토록 건강하고 활기차게 살 수 있다.

이처럼 운동은 중고등학교 시절에 꼭 습관으로 만들어야 하는 중요한 교육이기 때문에 체, 덕, 지 순서의 전인교육을 해야 한다는 것이다.

공부와
창의성교육

공부란 생각능력critical thinking을 키우는 과정이다

"학교에서 배운 것은 모두 잊어버리고 새로 배워라!"
우리가 학교를 졸업하고 사회에 나왔을 때 선배들에게 가장 많이 듣
는 충고다. 이 말은 곧 학교에서 배운 것은 대부분 현실에 맞지 않는
암기 위주의 철 지난 교육이라는 뜻이다.

좀 더 직설적으로 말하자면 진짜 배워야 할 중요한 것은 못 배웠
다는 이야기다. 안 해본 일이나 새로운 프로젝트를 추진할 때 필요한
생각하는 방법, 논리적으로 추진하는 방법, 협력하는 방법, 소통하
는 방법 등을 배웠다면 선배들이 그런 소리를 할 이유가 없다.

회사에서 일을 할 때, 서류를 만들고 나서 그 서류에 서류명을

작성하는 작업을 많이 하는데 이것이 예상 외로 쉽지가 않다. 회사에 입사해 10년 정도가 되면 과장이 되는데 내 경험상 과장급 직원 중에서 서류명을 제대로 올바르게 표현하는 이는 아쉽게도 20~30%를 넘지 못한다. 그 이유는 생각을 안 하고 사는 습관이 배어 있으며, 일을 할 때 핵심 키워드를 찾는 훈련이 안 되어 있기 때문이다.

생각능력을 키워야 하는 학교에서 입시 위주의 암기교육을 하다 보니 정작 사회에 나가서 활용할 생각능력이 부족한 것이다. 공부란 지식을 암기하는 것이 아니고 생각능력을 키우는 것이며, 생각능력을 키워 어떤 상황에 놓이든 스스로 생각하고 판단하여 자기 삶을 슬기롭고 창의적으로 개척해나가도록 하는 것이다.

생각능력은 교실에서 질문하고 답변하고 발표하는 수업이나 토론을 통해 키워진다. 뿐만 아니라 학생회, 동호회 활동, 학예회 활동 등을 통해 예상치 못한 상황과 시행착오를 겪으며 이성적인 사고를 바탕으로 프로젝트를 완수하면서 훈련이 되기도 한다.

결국 생각능력의 핵심은 냉철하고 건강한 비판적 사고라 할 수 있다. 생각은 자신이 하는 것이므로 공부의 주인은 선생님이 아니라 학생 자신이 되는 것이다. 이 과정에서 선생님은 아이들에게 질문을 함으로써 아이들 스스로 생각의 주체가 되도록 해야 한다.

생각능력에서 가장 중요한 핵심이 이 비판적 사고인데 이는 부정적 비판을 의미하는 것이 아니고, 어떤 정보를 접했을 때 팩트fact에 대한 명확한 근거를 바탕으로 분석하고 평가하고 판단하려는 사고이다. 팩트에 대한 명확한 근거가 없는 주장은 일단 의심을 해보아야 한다. 이런 의심은 건강한 의심이며, 팩트에 대한 명확한 근거에서부터 출발하지 않으면 올바른 생각과 판단을 할 수가 없다. 따라서 비판적 사고는 매우 이성적이며 논리적이고 분석적이다.

결국 비판적 사고는 사물을 관찰, 분석, 평가, 추리할 때 엄정한 근거를 제시함으로써 새로운 판단과 해석을 이끌어내고 새로운 대안을 제안하는 과정이라고 할 수 있다. 옳고 그름을 가리려면 비판적 사고를 할 수 있어야 하고 객관적이든 주관적이든 근거가 있어야 한다.

그 근거는 논리적이거나 경험적인 기반에서 나와야 하며, 옳고 그름을 가리는 과정 속에서 우리는 사물에 대한 새로운 시각과 판단을 얻기도 한다. 동그라미로 보이는 세계를 따지고 들어가니 실제는 네모라는 통찰을 얻는 경우처럼 말이다. 이런 통찰과 기존 관점과의 차이를 극복하기 위한 대안에까지 생각이 확대된다.

일반 회사에서 상급자가 시장조사를 하여 보고서를 내라고 업무 지시를 내리면 하급자는 그 지시가 어떤 관점에서의 시장조사인가를 먼저 파악해야 한다. 소비자 입장에서의 시장조사가 있고 생산자 입장에서의 시장조사가 있을 수 있으며, 경우에 따라서는 판매자 입장에서의 시장조사도 있을 수 있는 것이다.

이렇게 시장조사는 그 관점에 따라 달라질 수 있으므로 요구하는 사람의 의도가 무엇인지 파악해야 한다. 요구하는 사람의 의도와 다르게 되면 무의미한 보고서가 만들어진다. 그 관점 파악이 잘 안될 때 지시자에게 어떤 관점에서의 시장조사인가를 확인하고 나서 일을 시작해야 한다. 그렇게 일을 하는 사람은 아주 일을 잘하는 사람이라 할 수 있다.

이렇듯 생각능력은 바로 언어 소통에서부터 중요한 역할을 한다. 소통이 잘된다는 것은 상대의 핵심 의도를 잘 파악했다는 것이며, 생각능력이 뒷받침이 되어 있다는 얘기다. 사람들과 함께 일을 할 때 가장 중요한 것은 상대의 의도를 이해하기 위한 의사소통이다. 동문서답하는 사람이 있다면 그 사람은 상대 말의 핵심을 잘 이해하지 못했기 때문에 그러는 것이다.

우리의 유교적 문화는 비판적 사고를 통해 질문을 하면 말대꾸를 한다며 버릇없다고 생각하는 경향이 있는데 이는 건강한 문화가 아니므로 바꾸어야 한다. 교육의 핵심은 자기의 생각을 정리할 줄 알게 하고, 나아가 그 정리된 생각을 말이나 글로 정확하게 전달하며, 타인의 말을 논리적으로 잘 이해할 수 있도록 하는 것이다. 따라서 지식을 그냥 암기하는 것은 엄밀히 말해 교육이 아닌 것이다.

우리의 대학 강의실로 넘어가 보자. 학생들은 개강을 하고 첫 수업에 들어올 때 무슨 생각을 하며 들어오는가? 의자에 등을 기대고 편히 앉아서 교수가 전달해주는 지식을 조용히 경청하고, 자신의 머릿속에 담아서, 학기말 시험에서 그동안 외운 것들을 다 토해내고,

개운한 마음으로 강의실을 훌훌 털고 나갈 수 있었으면 하는 마음을 갖고 있지는 않은가? 교수가 정답도 없어 보이는 질문들을 자꾸 던지면서 이 사람 저 사람 말해보라고 하면, 속으로, '나 시키면 어떡하지? 그냥 지금 답 가르쳐주면 얼마나 편해!' 하고 투덜대며 긴장하고 앉아 있지는 않은가?

십중팔구 그럴 것이다. 그렇다면, 우리가 이렇게 토론에 소극적인 이유는 무엇일까? 어떤 학자들은 문화적/교육적 배경으로 이를 설명하기도 한다. 예를 들어 스테파니Stefani라는 학자는, 논쟁argumentation과 토론debate을 높이 평가하는 북미 문화와 달리 조화와 협력을 더 강조하는 아시아 국가들의 학교에서는 학생들 간의 토론 문화가 익숙하지 않고, 특히나 수업 중에 학생들이 의문을 제시하거나 의견을 피력하면 마치 교사(교수)의 학문적 권위에 도전하는 것으로 여겨질 수 있으며, 이러한 모습이 북미의 강의 현장에서도 나타난다고 보았다. 물론 영어 실력이 충분하지 않기에 거기서 오는 자신감의 결여도 부인할 수 없는 요인이긴 하겠으나, 위에서 지적한 문화적 교육적 요인을 무시할 수는 없어 보인다.

게다가 '동방예의지국'이라는 타이틀 아래 아랫사람은 윗사람에게 소신 있게 자신의 반대 의견을 피력하는 것을 주저하고, 어린아이들은 어른 앞에서 조용히 있어야 하는 전통도 한몫한 것이 아닌가 싶다. 주위에서 "어른들 얘기하는데 어디 예의 없이 끼어들어!" 이런 말을 하는 것을 한 번쯤은 들어봤을 것이다.

미국에도 이런 말이 없는 것은 아니다. 그러나 어린아이 때부터 의견을 피력하려는 시도를 단지 '버릇없고 미숙한 것'으로 무시, 묵살하던 이런 태도가 비평적, 창의적 생각으로의 성장을 저해하고, 중고등학교, 대학교를 거쳐, 심지어 대학원에 가서도 토론하는 것에 주눅 들게 하는 결과를 낳은 것은 아닌지 생각해볼 일이다.

미국인 친구와 그의 딸 알론다의 얘기다. 알론다가 다섯 살이었을 때, 그녀는 자기 이름이 맘에 안 든다며 그녀의 아버지에게 이름을 바꾸어달라고 졸랐다. 그녀가 제시한 이름은 삐삐 롱스타킹에서 착안한 삐삐 스트로베리였다.

여느 아버지라면 이런 딸의 제안에 어떻게 대답했을까? "네가 제정신이냐? 나중에 어른이 돼서 무슨 후회를 하려고……" 아니, "5년 후에는 네 마음이 또 어떻게 바뀔 줄 알고, No!" 운운했을지 모른다. 그러나 그는 그녀의 제안을 받아들여 그녀를 삐삐 스트로베리로 부르기 시작했고, 주위 사람들에게도 그렇게 공지했다(물론 법원까지 가는 수고는 하지 않았다).

그녀가 좀 더 성장하고 나면, 한때 그녀가 최고의 이름이라고 여겼던 삐삐 스트로베리가 더 이상 맘에 안 들지도 모른다(확신컨대 그럴 것이다). 그리고 미성숙한 딸의 말을 곧이곧대로 받아들여 그녀의 운명을 바꾸어놓은 것을 방관했던 (오히려 적극적으로 도왔던) 자신의 아버지의 경솔함과 무책임에 화를 내게 될지도 모른다.

그러나 그녀는 대신 한 가지 매우 소중한 것을 얻었다는 것도 깨닫게 될 것이다. 비록 다섯 살 소녀에게서 나온 의견일지언정 그것을 아버지가 존중하고 받아들여주었다는 사실 말이다.

아버지의 신뢰를 받으며 자라난 그의 딸은 스스로 생각하고 결정하는 일에 더 자신감을 가질 수 있을 것이며, 그로 인해 더욱 더 발전된 사고, 창의적인 사고를 연습하며 성장할 수 있을 것이라고 믿는다.

지식의 전달과 수동적 습득reception/acquisition으로 대표되던 시대를 지나 바야흐로 "참여로서의 교육learning-as-participation"의 시대를 살고 있는 오늘날의 학생들에게 바라는 것은, 그들 자신이 교육의 주인이 되어 책임 의식을 가졌으면 하는 것이다.

학생들이 좀 더 적극적으로 수강 계획을 세우고, 그 수업에서 자신이 얻고자 하는 것들을 점검하고, 틀린(?) 답을 말하는 것에 대해 조금 더 담담해지고, 의문점들은 언제든 교수에게 당당하게 질문할 수 있었으면 좋겠다.

암기하는 수업이 아닌 높은 단계의 사고를 연습하는 수업 안에서, 획일된 사고에 묶이지 말고, 자유로운 사고와 독립된 사고가 주눅 들지 않는 교육 환경을 누리며, 즐겁게 교육을 공유할 수 있기를 바란다.

생각하는 축구,
생각하는 교육 Think！Think！Think！

수년 전 신문에 모 고교에서 늘 전교에서 1등만 하던 학생이 3등을 했다고 자살한 사건이 보도되었다. 그 학생은 전교 1등만을 하다가 3등을 했을 때 세상이 꺼지는 듯했을 것이고 그 극심한 절망은 학생을 자살로 몰고 갔다.

그 아이가 그렇게 허망하게 죽게 된 것은 부모, 학교, 사회 중 누구의 책임일까? 부모와 교사의 책임이 우선이고 다음은 사회라고 생각한다. 그동안의 교육이 경쟁만을 부추겼을 뿐, 협력하고 상생하는 것을 가르치지 못했으며, 삶의 목적이 공부가 아니고 행복이란 것을 가르쳐주지 못했기 때문에 이런 불행한 결과가 온 것이다. 잘못된 교육이 얼마나 무서운 결과를 가져오는지를 단적으로 보여주는 예이다.

21세기에 접어들면서 모든 것이 빠르게 변해가고, 매스컴에서는 교육개혁이 되어야 한다고 아우성이고 그래서 뭔가 개혁을 해야할 것 같아 교육개혁에 뛰어들어 보지만 정작 교사들은 무엇을 어떻게 해야 할지 잘 모른다. 왜 그럴까? 우리의 교육의 문제를 명확하게 이해하고 있지 못해서이다.

지피지기 백전백승知彼知己百戰百勝, '적을 알고 나를 알면 백 번 싸워도 지지 않는다'라는 손자병법에 나오는 말이다. 이 말은 오늘날

기업 경영, 마케팅, 스포츠 등뿐만 아니라 개인과 개인의 인간관계에서도 중요한 의미로 널리 쓰인다. 나를 아는 것은 적을 아는 것보다 더 어려운 일. 그래서 손자도 지피知彼보다 지기知己를 더 중요시했다. 교육도 우리의 현실과 문제를 정확하게 이해하는 것에서 출발해야 한다.

2002년 히딩크 축구감독은 우리가 일류가 되기 위해서는 더욱 강력한 팀과 싸워 나가야 한다면서 선수들에게 생각하는 축구를 강조했다. 생각하지 않으면 훌륭한 축구를 할 수가 없다고 했다.

히딩크 축구의 특징을 열거해보면 첫째 생각하는 축구, 둘째 소통과 인화 그리고 팀워크, 셋째 실력 본위의 축구, 넷째 조직력을 앞세운 공격 축구이다. 그래서 선수들에게 "묻고, 따져라"라고 요구한다. 경기 중에 후방의 넓은 시야를 확보한 선수가 앞 선수의 위치와 역할을 지시하여, 유기적인 플레이를 만들어야 하는데 연공서열의 정서가 이를 가로 막고 있어 후배가 선배에게 말을 자유롭게 못하는 잘못된 관행이 있었고 이는 원활한 소통을 저해했다.

조직력은 활발한 소통을 통해 개개인의 창의적 능력들이 자유롭게 어우러질 때 조직의 시너지효과를 극대화시킬 수 있다. 그래서 식사 시간에 선후배들을 섞어서 식사를 하게 했으며 1시간 이상씩 대화를 하라고 엄명을 내렸다. 축구는 수직적 상하 복종관계가 아니라 수평적 조직문화가 중요하다고 강조했으며, 실력이 아무리 뛰어난 선수라도 팀 분위기를 해치는 선수는 필요 없다고 말했다.

교육도 마찬가지다.

Think! 생각해야 한다. 무엇을?

교육을 다시 생각해야 한다.

교육의 문제를 학교에서 공론화시키고 선후배 교사들끼리 열린 마음으로 소통하고 토론하며 문제를 풀어나가야 한다. 또한 교육은 혼자 하는 것이 아니라 함께 하는 것이므로 교사들끼리의 긴밀한 협력이 필요하다. 협력하는 교사는 아이들에게 협력을 가르칠 수 있지만 협력하지 못하는 교사는 그 자신 협력을 모르기 때문에 아이들에게도 가르칠 수 없다.

교육도 히딩크의 말처럼 첫째 생각하는 교육, 둘째 소통하고 협력하는 교육, 셋째 생각능력을 키우는 교육, 넷째 진정성 있는 교육을 해야 한다.

21세기는 창의력이 가장 중요한 시대라고 말한다. 그러면 창의력을 어떻게 신장시킬 것인가? 창의력은 생각하는 것에서 시작되며 질문과 토론을 통해 생각능력은 성장한다.

많은 교사들이 시대와 사회가 어떻게 변하든 자신의 역할은 단순하게 자기 과목의 지식을 학생들에게 잘 전수해주는 것이라고 안다. 그러다 보니 과거의 수업 방법에서 벗어나지 못하고 있다.

지금 시대는 30년 전의 사회가 아니며 이미 인공지능/4차산업 시대에 들어섰다. 그 어느 때보다 창의력이 중요한 시대가 되었다.

시대에 걸맞게 교육도 바뀌어야 한다. 전통적인 교실에서의 일방적 지식 전달은 아이들에게 생각할 수 있는 기회를 주지 않으며, 토론도 없기 때문에 그 기억도 오래가지 못한다. 뿐만 아니라 창의성으로 연결되지 못한다.

지식이 우리의 삶과 어떤 관계가 있는지를 알면 의미 있는 지식이 되어 활용되지만, 삶과의 연관성 없이 그냥 외운 지식은 쉽게 잊혀버린다. 그래서 지식은 장래의 꿈과 연결되어야 하며 그렇지 못하면 잠시 후 잊어버리고 마는 결과적으로 효과가 매우 낮은 수업이 될 수밖에 없다.

그런데 대부분의 교사들은 교사의 역할이 지식을 전달하는 것이라고 생각한다. 지식 전달 이전에 아이들에게 희망을 갖게 하고 꿈을 꾸게 하여 목표를 가지고 공부를 하게 하는 교육적 환경을 만들어야 한다는 것을 모른다. 지식 전달이 중요한 가치라면 학교가 시중의 일반 학원과 무엇이 다른가?

인성을 어떻게 교육할 수 있을까? 칠판에 써놓고 가르치는 도덕은 이미 초등학교 시절에 다 배웠다. 교사의 직업이 어려운 이유는 교육은 말로 하는 것이 아니며 마음과 행동으로 보여주는 것이기 때문이다. 타인을 존중하기, 긍정적으로 생각하기, 봉사하기, 협동하기, 고운 말 쓰기 등의 인성교육은 칠판에 써서 교육하는 것이 아니고 선생님이 행동으로 보여주어야 비로소 이루어지는 것이다. 또한 교육 이전에 희망을 갖게 해야 한다. 희망이 없는 아이에게 인성교육은 공염불이기 때문이다.

우리는 지식은 단순 도구에 지나지 않으며 세상은 적극적이고 창조적인 생각을 많이 하는 사람들이 이끌고 간다는 것을, 따라서 시험을 잘 보았다고 꼭 성공하는 것이 아니라는 것을 알려주지 못했다.

우리나라 교육기관들이 그런 정도의 교육밖에 못한다면 향후 교육기관에 거는 기대는 접어야 할 것이다. 교사들은 창의성, 자율성, 책임감, 자존감이 중요하다는 것은 알고 있지만 그것을 어떻게 교육해야 하는지는 배우지 못했다. 이는 교사 양성 프로그램을 개선해야 할 필요성, 교육의 본질을 잃어버린 현실을 보여준다.

교육의 목적과 공부가 무엇인지를 잘 몰랐다면 교사들은 이제부터 올바른 교육을 위해 교육의 본질에 대해 다시 생각하고, 토론하며 교육에 임해야 한다. 생각하는 교사, 생각하는 교육, 생각하는 학교가 되어야 한다.

창의성교육의 본질

몇 년 전 K-POP 가수 싸이가 세계적 성공을 거둔 것은 무슨 이유일까? 본인 말로도 "자신은 노래를 썩 잘 부르지 못하고 세련된 얼굴도 아니며 춤도 잘 추는 것이 아니고 학력도 별 볼일 없다"던 싸이가 어떻게 세계적 가수로 두각을 나타낼 수 있었을까?

싸이는 세계인을 상대로 자기 노래를 특별히 마케팅한 적도 없고 그들을 위해 아무것도 한 것이 없었다. 다만 자신이 좋아하는 것을 마음껏 즐기며 보여주었을 뿐이다. 사람들이 감히 생각하지 못하는 일탈적 행동들을 춤으로 노래로 즐겁고 쉽게 표현함으로써 세계인의 마음을 사로 잡은 것이다. 이는 고정관념과 기존의 질서를 깨는 창의성과 독창성의 성공을 유감 없이 보여준다.

싸이 이외에도 서태지, 빌 게이츠와 스티브 잡스, 구글 창립자 레리 페이지와 세르게이 브린, 유튜브의 스티브 첸, 페이스북의 마크 저커버그, 테슬라의 일론 머스크 등이 창의력과 독창성을 보여준 좋은 예라고 할 수 있다.

창의성교육은 이제 전 세계가 주목하고 있는 21세기의 교육 방향이다. 이것은 선택이 아니라 필수가 되었다. 하지만 교육현장에서는 여전히 창의성교육의 본질을 잘 모르고 일관성 있는 교육이 이루어지지 못하는 것 같다.

대전 대신학원에서는 수년 전 어떤 것이 창의성이냐고 선생님들께 질문을 하면 대답하는 사람이 거의 없었다. 한 교사는 "특별활동을 많이 하면 창의성이 생기는 것 아닙니까?"라고 반문을 했다. 틀린 말은 아니지만 핵심을 비껴갔다. 교사들이 대학에서 교사교육을 받을 때는 창의성교육이 뭔지 배우지 못했을 것이다. 그러나 지금은 그 개념을 모르면 올바른 교육을 할 수 없는 시대가 되었다. 선생님들도 이제는 시대 변화에 따라 공부를 해야 아이들을 시대에 맞게 가르칠 수 있다.

과거 7~80년대에는 암기식 지식교육으로 성공할 수 있었으나 이제 컴퓨터만 켜면 웬만한 지식들은 다 쏟아져 나오는 시대이다. 이미 인공지능 4차산업시대에 깊숙이 진입한 현재에는 정보와 지식을 분석하고 융합하는 창의적 능력이 요구된다. 이 시대에는 지식을 암기하는 교육을 벗어나 책을 읽고 토론하는 생각능력을 키우는 교육을 해야 한다. 교실에서 교육의 주체가 교사가 아니라 학생이 되어 스스로 생각하고 그것을 실험하고 주장함으로써 생각들의 융합이 일어나게 해야 한다.

"들은 것은 쉽게 잊어버리고, 본 것은 기억되나, 직접 해본 것은 이해가 되고 진정한 자기 지식이 된다." 그러나 아직도 선생님들은 입시 준비를 한다는 이유로 지식과 정답을 전달하기에 바쁘다. 때문에 토론 수업을 왜 해야 하는지 필요성을 잘 느끼지 못한다. 생각하는 것을 훈련하고 배우지 못하면, 어떤 주장에 대하여 냉철한 비판적 사고를 할 수 없으며, 주관을 갖지 못하고 올바른 판단을 할 수 없어 쉽게 그 주장에 휩쓸리게 된다. 생각을 할 줄 모르면 생각을 통해 나오는 창의성은 아예 기대할 수가 없다.

이스라엘은 우리와 마찬가지로 1948년에 독립을 했다. 그런데 우리나라는 노벨상이 전무한데 비해 그들은 노벨상의 30% 이상을 휩쓸고 있다. 이스라엘의 인구는 1960년대 250만 명, 지금은 약 860

만 명 정도이다. 그렇게 적은 인구를 가진 나라가 그런 결과를 보여주는 이유는 오로지 교육의 힘이다. 교육을 잘 시킴으로써 조그마한 나라가 학문적, 경제적, 안보적으로 흔들림 없는 단단한 나라가 되었다.

이스라엘에서 창의성을 나타내는 단어가 '후츠파'인데 후츠파란 히브리어 어원으로 '혼자서 다른 편에 선다'는 뜻이다. 이스라엘 교사들은 똑같은 질문을 던졌을 때 다른 사람과 같은 대답이 나오면 "왜 당신은 개성 없이 저 사람과 똑같이 대답하느냐"고 문제를 제기하며 다르게 대답하기를 요구한다. 우리나라는 질문을 했을 때, 똑같은 답을 대답하지 않으면 왜 너는 저 사람처럼 같은 답을 말하지 못하느냐고 핀잔을 준다.

이렇게 다른 이유는 이스라엘 교사들의 의식 속에는 교육은 답을 가르쳐주는 것이 아니라 생각능력을 키우는 것이며, 인생을 살아가는 법이 하나가 아닌 것처럼 답은 항상 여러 개가 있을 수 있다는 믿음이 있기 때문이다. 교육이란 답을 내는 것이 아니라 새로운 것을 창출하는 데 있다는 것을 이해하고 있는 것이다. 우리나라의 교사들은 교육의 목적이 좋은 대학에 보내는 것이라 생각한다. 따라서 교육의 진정한 목적인 창의성에 대해서는 관심이 없고 이해하지도 못한다. 이런 상황에서는 창의성교육을 할 수가 없다.

똑같은 질문에 다른 답을 하려면 생각하지 않고는 불가능하다. 이스라엘 교사들은 학생들이 창의적인 생각을 하도록 계속해서 질문을 한다. 결국 공부는 생각능력을 키우는 것이며 생각능력을 키워야 창의성을 발휘할 수 있는 것이다. 이스라엘에는 생각능력을 키우는 토론식 공부 방법이 있는데 이를 '하브루타 교육'이라고 한다.

생각능력을 키우는 것이 교육의 본질이며 이는 질문을 통해 길러진다는 것을 잘 알고 있는 이스라엘 부모들은 아이들을 학교에 보낼 때 "학교에 가서 질문 많이 하라"고 당부한다. 우리나라 부모들은 "수업시간에 떠들지 말고 선생님 말씀 잘 들어라"라는 예의범절 당부만 한다.

이 두 가지의 당부가 뭐가 다를까? 이스라엘 부모들은 공부의 목적은 생각능력을 키우는 것이며, 생각능력은 질문과 답변을 통해 성장한다는 것을 알고 있다. 우리의 부모들은 교육의 목적을 정확히 잘 모르고, 다만 유교정신에 입각해 예절 바른 사람이 되어야 한다는 정도로 알고 있기에 자녀들에게 그렇게 얘기했을 것이다.

또한 우리 어른들은 자녀들에게 쓸데없는 생각 말고 공부나 열심히 하라고 말할 때가 종종 있다. 창의성은 바로 그 쓸데없는 생각들을 많이 할 때 새로이 얻어지는 것인데 우리는 그것을 못하게 한다.

아이들이 학교에서 축제 행사를 준비하는 것을 보신 부모님들 중에는 공부는 안 하고 쓸데없이 시간을 낭비한다고 여기시는 분들도 있다. 하지만 그런 활동들은 아이들에게 매우 큰 공부가 된다. 그것은 사회에서 하는 일종의 프로젝트를 수행하는 것과 같다. 그런 경험들은 본인의 삶에서 스스로 일을 추진함으로써 자신의 능력을 향상시키는 아주 유용한 공부이다.

교육은 과정이다. 그 과정 자체가 생각을 많이 하게 하는 것이다. 따라서 생각을 많이 하게 하려면 자꾸 질문을 던져야 하고, 자기의 생각을 잘 정리하는 훈련을 시키려면 토론과 발표를 하게 해야 한다. 토론을 하게 되면 나와 생각이 다른 사람의 아이디어를 경청하게 되고 자기의 생각과 비교를 하게 되며 그러는 사이에 생각능력은 상호 융합되며 키워지게 된다. 이렇게 생각능력과 발표능력을 훈련시킴으로써 창의성이 자극되고 개발되는 것인데 우리 교육은 암기 위주로 지식을 가르치기 때문에 생각할 겨를이 없다.

자신의 꿈과 삶의 목표가 없이 대학 입시만을 위해 암기하는 지식은 자기 삶과 아무 연관성을 느낄 수 없으므로 의미 있는 학습이 되지 못한다.

어린아이가 뜨거운 것에 손을 데이면 뜨겁다는 것을 배운다. 그렇게 경험으로 얻어진 지식은 평생 안 잊어버리기 때문에 진정한 자기 지식이 된다. 그렇게 얻은 지식은 의미 있는 학습을 통해 얻은 것이라 할 수 있다. 그래서 실험이나 토론을 통해 얻어진 지식과 경험은 잘 잊히지 않고 기억에 남는다.

공부를 중국에서 쿵후工夫라고 한다. 중국의 어원에는 쿵후란 '몸으로 체득하여 익힘'이라고 한다. 결국 공부工夫란 몸으로 체득하여 익히는 것으로 일종의 노동이라 할 수 있다. 우리는 흔히 공부는 머리로 한다고 생각하지만, 사실 몸으로 경험하며 습관을 만드는 것이다.

우리가 박세리가 쓴 책을 읽으면 골프를 박세리처럼 잘 칠 수 있을까? 박지성이 쓴 축구에 대한 책을 읽으면 박지성처럼 축구를 잘할 수 있을까? 책도 읽고 나서 생각한 것을 토대로 경험을 해봐야 완전한 자기 것이 되는 것이고, 과학도 실험 실습을 통해 원리를 깨우치게 되며, 영어도 상대방과 생활 속에서 회화를 경험해봐야 실질적인 회화능력이 생기는 것이다.

생각한 것을 가지고 발표도 하고 토론도 해봐야 생각능력이 발전하는 것처럼 공부도 몸으로 체득되어야 진짜 실력이 생긴다. 교육은 머리를 통해 정보가 입력되지만 결국 체험 활동을 통해 완성되는 것이다.

"들은 것은 쉽게 잊어버리고, 본 것은 기억되나 직접 해본 것은 이해된다."

사전에 모든 문제점을 검토하여 변화와 혁신을 주도하는 것은 이론적으론 가능하지만 현실은 그렇게 되지 않는다. 그러므로 실패하면서 배운다는 자세가 중요하다. 바로 'Learning by Doing'이다. 토론과 실험, 그리고 실패를 통해 창의성이 발현된다.

이스라엘에서는 학교를 졸업하고 나면 취직을 하려는 사람보다 창업에 뛰어드는 사람이 더 많다고 한다. 그러나 우리는 대부분 직장을 찾는다. 왜 그들은 우리와 다를까?

이스라엘의 교사들이 우리 교사들보다 공부를 많이 해서 아이들에게 첨단 교육을 시키기 때문이 아니다. 단지 그들은 생각하는 교육, 창의성교육이 무엇인지 알고 있기 때문에 지식을 전달하지 않고 생각하는 법, 공부하는 법, 물고기 잡는 법, 토론하는 법을 가르친다. 이런 교육은 어떤 환경에서도 새로운 정보들을 수집하고 분석하여 창의적 판단을 내리고, 행동하는 방법을 배우는 것이다. 그렇기 때문에 새로운 시대에 대한 두려움 없이 창업에 즐겁게 도전하는 것이 아닐까.

창의성이란 것을 올바로 알려주고 교육과정에서 지속적으로 실험하기 때문에 개념을 잘 이해하고 익숙해지는 것이라 할 수 있겠다. 그리고 창의성은 자유와 자율, 존중과 격려, 재미와 즐거움, 여유와 유머가 있는 풍토에서 꽃을 피운다. 유연한 사고가 전제되고 자유로운 환경이 조성되어야 비로소 고정 관념과 기존의 규칙에 도전하는 용기도 생긴다.

우리는 기존의 일방적인 주입식 교육을 양방향적 토론식 교육으로 만들어 생각하는 교육, 발표하는 교육으로 바꾸어야 한다. 주입식 교육은 우리의 생각능력을 제한하고 창의성을 저해하는 교육이다. 기존의 입시 위주 교육은 실력과 창의성과 협동심을 키우는 진정한 교육이 아니며 오히려 사람에 대한 신뢰를 망가뜨리고 갈등을 조장하는 이기적인 사회를 만들고 있다.

학교에서 가르쳐야 할 것은 생각하는 방법과 기술이고, 아이들은 그것을 이용해서 스스로 자신의 진로를 찾아내는 과정을 겪는다.

이것이 공부다. 허나 지금 대부분의 중고등학교에서 이루어지고 있는 대학 입시를 위한 암기교육은 바로 잊어먹을 뿐 아니라 노력해서 좋은 대학에 들어간다 하더라도 진짜 실력을 만들어주지 못한다.

창의성은 기존 질서에 쉽게 적응하지 않고 도전하는 것이다.

공부는 기존 질서에 복종하고 적응하기보다 자신의 기발한 아이디어와 생각을 창출하여 기존 질서에 도전하고 극복할 수 있는 새로운 논리와 환경을 만들어내는 것이다.

학교란 교육기관은 본래 지능과 이념의 평준화를 교육 목적으로 하기 때문에 그 기관의 수준을 뛰어 넘는 비범한 학생을 키우기 싫어하는 속성이 있다. 학교의 교육 이념을 객관적으로 평가할 수 있는 생각하는 사람을 키워내고 싶어하지 않는 것처럼 보인다.

그런 교육기관의 속성도 우리의 창의성을 성장시키지 못하는 중요한 요인이며 이제 그 속성을 과감히 깨야 한다.

선진국에 있는 회사에서 직원들에게 많은 결정권과 권한을 주어 경영 성과를 높였다는 말을 듣고, 우리나라의 일부 회사 경영자들이 신입 직원들에게 권한과 자율을 많이 주는 경영을 시도했으나 실패했다. 이유는 학창시절부터 깊이 있게 생각하고 건강하게 비판하는 논리적 생각능력을 기르지 못한 사원들이 스스로 자기 할 일을 찾지 못하고 수동적으로 지시 받는 데 길들여졌기 때문이다.

인공지능 4차산업시대에 창의력을 기르지 않고 공부기계처럼 성적 올리기에 연연하는 교사, 학생, 학부모가 있다면 창의적인 삶을 기대하기 어렵다. 정신과 혼이 담기지 않은 공부와 논리가 얼마나 헛된 것인가를 깨달아야 한다.

세상은 생각하는 사람과 타인의 생각을 따르는 사람, 둘로 나뉜다. 내가 어느 편에 서 있는가를 생각해보자. 교육개혁은 정부 시책이나 제도에 의해서가 아니라 교육 수요자인 학생과 학부모, 공급자인 교사의 의식에서부터 시작되어야 한다. 학교는 학생과 학부모에게 사고를 바꿀 수 있는 동기를 부여해야 한다.

결론적으로 창의성교육을 할 수 있는 교사는 아이들에게 답을 가르쳐주는 것이 아니라 생각할 수 있는 질문을 던지는 사람이어야 한다. 그 생각능력을 키우는 것이 바로 창의성교육의 시작이다. 그래서 생각한 것을 발표하게 하고 토론하게 하기 위해 토론수업이 필요한 것이다. 생각능력을 키우지 못하는 공부는 올바른 공부라고 할 수 없다.

과외 없이도 학습능률을 올리는 하브루타 학습

과외의 폐해가 우리 교육의 문제점으로 회자되기 시작한 지도 벌써 30년이 넘었다. 그동안 많은 사람들이 과외는 모두 없애야 한다고 주장하며 여러 가지 대안을 내놓고 있지만 사교육 비용은 매년 점점 더 늘어나 재정적으로도 국민들에게 큰 부담을 안겨주고 있다. 이는 공교육 기관인 학교가 제 기능을 다하지 못해서 이기도 하지만 사회적으로도 공부가 무엇인지, 실력이 무엇인지, 능력을 어떻게 키우는지 착각하고 있거나 잘 모르기 때문이다. 그래서 시대가 바뀌었는데도 아직도 암기 위주의 교육방법에서 벗어나지 못하고 있다.

가장 이상적인 교육 방법은 가정교사 제도라 할 수 있다. 비용이 많이 들긴 하지만 자기에 맞는 교육을 받을 수 있기 때문이다. 그런 부담을 줄이고자 학교에서는 한 반에 30여 명 이상씩 모아 놓고 수업을 한다. 그런데 한 반 학생들의 수학능력 차이가 너무 많이 난다는 것이 문제다. 그러다 보니 선생님의 교육 수준이 자기와 맞지 않으면 못 알아 듣거나, 아니면 이미 다 아는 것이라 재미가 없어서 졸게 된다. 그럼에도 선생님들은 학생들의 개별적 수준에 맞춰 교육할 수 없는 것이 어쩔 수 없는 우리의 현실이다.

이럴 때 필요한 것이 교사 없이 공부하는 스터디그룹 활동이다. 단 둘이 또는 여럿이서 그룹을 만들어 토론식 학습을 하는 것이다. 이런 활동은 교사가 없어도 얼마든지 할 수 있으며, 서로 질문을 하고 답변을 하면서 학습효과를 향상시킬 수 있다. 질문을 주고 받는 과정 속에서 생각능력은 발달되고 아울러 창의성도 신장한다. 이런 활동이 활성화되면 아이들은 과외를 하지 않고도 더 효율적인 시간에 자기의 부족한 부분을 향상시킬 수 있다. 다행히도 이런 류의 학습으로 역사적 효과가 검증된 학습방법이 있다. 바로 이스라엘의 탈무드에 나오는 하브루타 학습 방법이다.

하브루타 학습이란 이스라엘 민족에게 1500년 전부터 내려오는 탈무드● 속에 나오는 교육방법이다. 유대인들은 오랫동안 전 세계로 흩어져 살았기 때문에 유대인이란 민족의 정의를 내리기 어려웠지만 유대인을 유대인으로 만든 것은 유대인 어머니들의 교육에 대한 올바른 인식이었다. 유대인 어머니들은 이스라엘의 전통적으로 내려오는 교육에 대한 올바른 인식을 가지고 아이들을 키웠기 때문에 아버지가 유대인이 아니어도 어머니가 유대인이면 유대인이라는 정의가 내려진다. 그만큼 유대인의 어머니는 자녀들의 교육을 전담하였고 그 어머니를 통해 배우는 지혜로운 교육은 유대인으로서의 정신, 문화, 전통 등을 이어받아 후세에까지 계승했던 것이다.

● 탈무드 : 이스라엘 전통학자며 종교 지도자인 랍비들에 의해 기록된 율법이자, 구전해온 민간전승, 전통 등을 총망라 한 책으로 수십 권에 이른다. 이스라엘 민족이 공동생활을 시작하면서 말로써 전해 내려오던 민간교육을 AD 500년 경 당대의 유명한 랍비들이 지속적으로 문서화한 것이다.

유대인들은 2000년 동안 나라가 없었던 민족이었으므로 어디에도 의지할 곳이 없었고, 스스로의 실력만으로 살아남아야 했다. 모든 것이 부족하고 열악한 환경 속에서 유대인들은 '자신의 운명은 자신이 만든다'는 생각으로 배움에 치중할 수밖에 없었고 그래서 '배움'은 이스라엘 민족에게 삶의 가장 중요한 수단이 되었다.

배움은 목표가 될 수 없지만 무엇을 이루고 무엇이 되기 위해서는 배워야 했다. 누가 시켜서 하는 배움이 아니라 스스로의 성공적인 삶을 위해 배워야 했다. 그래서 이스라엘 사회는 배움을 중시했고 지위가 높은 사람보다 교육을 받은 자, 배움을 많이 한 사람을 존경했다. 유대인들의 '배움을 많이 한 사람'이란 우리나라처럼 지식을 많이 암기해서 좋은 대학을 나오고 박사 학위를 받은 사람이 아니라 배움을 통해 생각이 깊고 인격적으로 훌륭하며 삶으로 모범을 보이는 사람을 뜻한다.

나라가 없었기 때문에 2000년 동안 어려운 환경에 있을 수밖에 없었고 그래서 유대인들은 어느 누구도 빼앗아갈 수 없는 하나를 가지고 있어야만 했다. 돈, 의복, 집, 국가는 빼앗길 수 있다. 그러나 절대로 가져갈 수 없는 것이 하나 있는데 그것은 바로 두뇌였다. 머릿속의 지식과 지혜는 아무도 가져갈 수가 없다. 그렇기 때문에 강력한 사고를 발달시켜야 했고 그것은 창의력으로 이어져 유대인들이 전 세계적으로 성공할 수 있는 태생적 문화적 기반이 되었다.

우리 교육은 답을 알려주는 교육이지만 유대인들은 절대로 답을 알려주지 않는다. 질문을 통해 스스로 답을 찾게 한다. 아이들의 인생은 스스로의 생각으로 개척해나가야 한다는 것을 알기 때문이다. 질문은 바로 두뇌에 도전을 유발하는 것이며, 도전 받지 않는 두뇌는 절대로 창의적일 수 없다.

나의 아이디어, 경험과 지혜가 다른 사람의 아이디어, 경험과 지혜와 합해지면서 두뇌가 역동적으로 춤을 추며 창의적으로 문제를 해결하는 아이디어가 나온다. 유대인들은 어린 시절부터 질문을 통해 스스로 생각을 하지 않으면 안 되게 만들기 때문에 생각능력이 키워질 수밖에 없으며 그 결과가 자기 삶의 주인으로 자기 삶을 설계하고 개척하는 능력이다.

우리는 어른들이 아이들을 사랑하고 보호한다는 명분으로 아이들의 공부와 진로 문제, 군대나 직장 문제까지 일일이 모든 것을 간섭한다. 그러다 보니 우리 아이들은 생각능력을 키우지 못하고 자존감도 키우지 못하고 자율성과 도전정신을 키우지 못한다. 자기 인생에 대해 자기가 책임진다는 생각도 별로 없이 지내다가 나이가 들어서야 비로소 그것을 깨닫게 되는 형국이다.

이렇게 나약하게 아이들을 키운 책임은 모두 부모와 기성세대들의 잘못된 사랑과 교육에 있다.

이러한 우리의 교육적 모순을 일소하고 인성과 창의성을 개발시켜주는 이스라엘의 2인 토론학습법인 하브루타 학습법을 요약해 소개하고자 한다.

과거 그리스의 소크라테스 시절이나 중국의 공자 시대에도 이와 비슷한 것이 없었던 것은 아니지만 하브루타는 '인간의 본능적인 상호작용 교육법'을 명쾌하게 만들었으며 결국 문화가 되었다.

하브루타는 히브리 언어로 친구란 뜻이다. 이것은 둘이 배우는 방식이다. 제자와 스승의 관계가 아닌, 동등한 친구 사이로 서로 배우고 가르친다. 1+1=2가 아닌 그 이상의 효과를 볼 수 있는 훌륭한 학습 방법이다. 하브루타 학습은 둘이 짝을 지어서 토론을 하는데 그 이유는 셋만 모여도 소외되는 사람이 생기기 때문이다. 이들은 두 사람만 토론에 참여해도 즐거움과 집중도, 학습효과를 높일 수 있다고 생각한다.

토론 시에 모든 권위와 위계는 사라지며 직책이나 나이에 상관없이 모두 평등한 입장에서 진실이라고 생각하는 범주에서 토론함으로써 모든 인간은 평등하다는 평등의식과 진정성을 고취시킨다. 이것이 하브루타 학습의 바탕에 깔려 있는 정신이며 문화이다.

이런 교육방법은 자연스럽게 권위주의를 배격하고 평등의식을 고취시킨다. 교실에서 교사는 절대로 답을 알려주지 않고 계속 질문을 하며 아이들은 답을 찾는다. 수업에서는 고기 잡는 법을 가르칠 뿐, 고기는 잡아주지 않는다. 교사는 답은 하나가 아니고 여러 개라는 생각을 갖고 있으며, 그래서 교사가 아이들에게 똑같은 질문을 해도 아이들은 서로 다르게 대답을 해야 한다.

토론은 서로를 이기기 위해 하는 것이 아니며 동등한 입장에서 상호 보완해주는 다양한 생각들을 주고 받으며 서로의 생각능력을 향상시킨다. 상대방을 이해시키기도 하고 상대방의 창의적인 생각을 경청할 수도 있다. 주제에 대해 찬성과 반대 입장에서 논쟁하는 것을 통해 '아전인수我田引水'가 아닌 '역지사지易地思之'를 배워 새로운 시각과 사고의 폭을 넓힐 수 있는 기회를 갖게 해준다.

토론은 학습學習에 있어서 습習에 해당된다. 배운 정보를 습의 과정, 즉 경험과 실험, 토론을 통해 완전한 자기 지식으로 만들어가는 과정이다. 토론 속에서 나의 아이디어와 경험, 지혜가 다른 사람의 아이디어와 경험, 지혜와 합해지면서 두뇌가 역동적으로 춤을 추며 창의적으로 문제를 해결하는 방법이 나온다. 이렇게 학습자가 스스로 능동적으로 참여하는 즐거운 활동은 학습효과가 높을 수밖에 없다.

이스라엘 사람은 하브루타 학습 방법은 교육뿐 아니라 모든 삶에 적용되는 것이므로 이를 테크닉으로 보지 않으며 문화로 이해한다. 유대인들은 자기들이 성공할 수 있었던 이유는 신이 준 세 가지 선물에 있었다고 하는데 그건 부족함, 배움, 책(기록)이다. 부족함은 절실함을 느끼게 해주었고 이를 해결하기 위해 배움을 동경하게 되었다. 그 결과 하브루타 학습법이 탄생하게 되었으며 결국 그들의 문화가 되었다.

우리나라에서도 적용 가능한 학습법이다. 잘 이해하고 도입한다면 생각능력을 키우는 교육개혁도 이룰 수 있으며 과외도 없앨 수 있는 일석이조의 학습법이라 생각된다.

하브루타 학습법의 정신을 우리가 올바로 이해한다면 비로소 교육을 이해하는 것이다. 우리 대전 대신학원에서도 하브루타 학습 개념을 일찍부터 도입하여 일부 토론수업을 진행하고 있으나 아직도 가야 할 길이 멀다.

놀이와 유머는 여유와 창의성을 키운다

잘 놀 줄 아는 사람이 성공한다. 여러분은 이 말에 공감이 하는가?

여러가지문제연구소 소장 김정운 박사는 《노는 만큼 성공한다》라는 책에서 이렇게 말한다. 놀 줄 모르면 남의 마음을 읽을 줄도 모른다. 놀이는 혼자 하는 것이 아니라 함께 하는 것이므로 규칙이 있다. 이 규칙의 전제는 '다른 존재의 생각을 읽어야 한다'는 것이다. 그래야 놀이에서 살아남을 수 있다. 이런 능력을 전문 용어로 '사회적 관점 획득 능력'이라고 한다. 사회적 관점 획득 능력이란 다른 사람들이 어떻게 이해할까를 아는 것으로 이는 놀이를 통해 얻어진다. 사람들 사이에 인기가 별로 없는 사람은 남의 말귀를 잘 못 알아듣는 사람이다. 유머는 단순한 웃기기가 아니다. 타인의 관점에서 사물을 볼 줄 알아야 남의 마음을 이해할 수 있다. 역사상 뛰어난 정치가 일수록 유머가 능숙했는데 바로 영국의 처칠, 미국의 링컨 등이 그렇다. 유머는 단순히 다른 사람을 웃겨서 분위기를 부드럽게 만드는 기능만 하는 것이 아니다. 유머가 있다는 것은 근본적으로 다른 사람의 마음을 읽어낼 수 있는 능력이 있음을 의미한다. 뿐만 아니라 타인의 관점에서 바라볼 수 있는 능력은 나를 제대로 바라볼 수 있는 능력과 동일한 메커니즘을 가지고 있다. 나를 타인의 관점에서 바라볼 수 있어야 나를 제대로 파악할 수 있는 것이다. 아무리 얘기해도 말귀를 못 알아듣는 사람은 자기 자신을 파악하는 능력도 떨어지는 사람이다.

그래서 어린 시절에는 친구들과 어울려서 잘 놀게 하는 것이 가장 중요한 교육이다. 그 속에서 인간관계를 배우고 양보를 배우며 협력을 배운다. 또한 놀이는 재미있어야 하므로 새로운 것을 추구하게 되며 이때 창의성이 발현된다. 이렇듯 놀이와 유머는 창의성을 유발하는 인자인 것이다.

농담을 유머로 오해하는 경우가 종종 있다. 농담과 유머의 차이는 농담은 듣는 사람 중 기분 나빠지는 사람이 있는 반면 유머는 아무도 기분 나빠지지 않는다는 것이다. 그래서 유머는 아주 격조 높은 농담이라고 할 수 있다.

〈만남〉, 〈바램〉, 〈이 마음 다시 여기에〉 등 수많은 히트곡을 낸 유명 가수 노사연 씨를 TV 화면에서 보면 항상 밝고 명랑한 얼굴이다. 어찌 저분의 얼굴은 항상 밝고 명랑한 모습일까 궁금했었는데 인터뷰에서 이런 얘기를 했다.

중고등학교 시절 자매들과 둘러 앉아 저녁식사를 할 때 어머니께서는 꼭 한마디씩 유머를 하지 않으면 밥을 못 먹게 하셨다고 한다. 그래서 오늘 저녁 때는 무슨 얘기를 해서 가족들을 웃길까 하고 늘 고민했다는 것이다. 이런 유머를 가르치는 학교는 아직 없지만 노사연 씨 가정처럼 유머에 익숙해질 수 있는 환경을 자꾸 만들어가야 한다.

학교 다닐 때 공부는 안하고 잘 놀던 아이들이 사회에 나와 성공하는 경우도 많다. 이 세상은 교과서 대로 흘러 가는 것이 아니며 창의력 있는 사람이 변화 무쌍한 사회에서 더 잘 적응하기 때문이다.

인간은 사회적 동물이라 세상을 살아간다는 것은 다른 인간들과 관계를 맺는 것인데 유머가 있는 사람은 다른 사람들의 마음을 읽고 잘 이해하기 때문에 대인관계가 좋을 수밖에 없다. 실제로 우리 주변을 돌아보아도 유머가 있고 창의력이 있는 사람 주변엔 사람이 많으며 또한 궁색하지 않게 잘사는 것을 쉽게 볼 수 있다.

유머는 있어도 되고 없어도 되는 것이 아니라 인간의 삶에서 없어서는 안 될 필수적 요소가 되었다. 왜냐하면 유머가 있는 사람들을 우리 모두가 좋아하기 때문이다.

이제 중고등학교에서도 유머에 대한 교육이 있어야 하고 대학에서도 유머학과가 나와야 한다고 생각한다.

올바른 역사교육과 이념교육

과외 못 해 가난이 세습된다는 말은 거짓

돈이 많은 사람들은 과외를 자유롭게 할 수 있는 반면, 가난한 사람들은 그러지 못하기 때문에 실력 향상이 힘들고 그 결과 '가난과 부富가 세습된다'고 주장하는 사람들이 있는데, 이는 교육과 지식이 무엇이고 실력이 무엇인지 잘 모르고 하는 이야기다.

과외를 통해 얻는 지식은 본인 출세에 큰 영향을 미치지 못한다. 왜냐하면 과외는 인간의 생각능력을 키우는 것이 아니라 시험을 좀 더 잘 보게 하는 기술을 배우는 것이기 때문이다. 그래서 장기적으로 보면 본인의 출세에 큰 영향을 미치지 않는데 학부모들은 그것을 모르고 조급해한다.

탈무드에 "가난한 어린아이들에게 배워라"라는 말이 있다. 부자 아이는 어떤 장난감을 가지고 싶을 땐 부모에게 사달라고 조르면 된다. 하지만 가난한 아이는 돈이 없기 때문에 그 장난감을 대체할 다른 장난감을 찾는다. 그래서 가난한 아이들이 더 창의적일 수밖에 없다. 그래서 세상은 공평한 것이다.

이스라엘 사람들이 뛰어난 창의력으로 노벨상을 휩쓰는 것은, 돈이 많고 과외를 많이 받을 수 있었기 때문이 아니다. 오히려 돈이 없고 보호해줄 나라가 없었기 때문이었다.

그래서 돈 자체는 세습이 될지 몰라도 돈이 없어 가난이 대물림된다는 논리에는 동의할 수 없다. 그런 표현은 패배주의 사고를 가진 사람들이 주장하는 허설일 뿐이다. 그런 말에 현혹되거나 휩쓸릴 필요가 없다. 인간의 능력은 무궁무진하다는 것을 믿고 시대를 읽으며 창의적인 노력을 기울이는 사람이라면 모두 성공의 기회를 얻을 수 있다.

그런데도 우리는 돈을 많이 가진 사람들은 무조건 적폐세력으로 인식하는 경향이 있다. 그런 인식은 건강한 사회를 병들게 한다. 편리한 삶을 누릴 수 있는 사회를 만들어오는 데 대한 자본가들의 기여를 잊어서는 안 된다.

대단한 기업가가 없던 조선시대를 생각해보라. 얼마나 불편한 생활을 했을 것인가 생각해보면 끔찍한 시절이었다. 모두가 가난했던 그 시절을 그리워하지는 않을 것이다. 그런 시대를 동경한다면 나라가 망하기를 기대하는 것과 같다.

세계적으로 인정받는 의료보험 제도를 만들어 경제적으로 어려운 국민들도 고통스럽지 않게 의료 혜택을 받을 수 있게 된 것도 모두 기업과 자산가들이 내는 세금 때문에 가능한 것이다.

유수한 기업들이 우리나라를 떠나지 않도록 기업하기 좋은 환경을 만들어야 한다. 일자리를 만드는 것은 기업들이고 그런 기업들이 많아야 일자리가 풍성해진다. 그런 기업들을 핍박하는 나라는 결국 망할 수밖에 없다.

국민들이 자산가와 기업들을 미워하면 그들은 결국 이 나라를 떠날 것이다. 그러면 이 나라에 가난한 사람들만 남게 되고 결국 더욱 더 가난해질 것이다. 자유민주주의 교육, 자유시장경제 교육에 대한 국민들의 올바른 이해가 필요하다.

정치인들 또한 이점을 유념하여 가진 자와 못 가진 자를 편가르기 하여 나라가 흔들리게 하는 일이 없도록 해야 한다.

자유민주주의와 시장경제 교육의 중요성

"개인의 자유는 도덕의 본질이며 우리가 지켜야 할 가치이다."

마거릿 대처

우리나라의 근대사를 돌아보면 왕정국가에서 46년간 일제 식민 지배를 받다가 1945년 2차세계대전에서 일본이 패망함으로써 드디어 해방을 맞았다. 당시 우리의 경제력은 세계 121개 국가 중 120위로, 그야말로 지독하게 가난한 국가였다. 그렇게 가난했던 나라가 해방 이후 불과 70여 년 만에 세계에서 경제력 11위라는 엄청난 경제 성장을 이루어냈다.

우리나라 5000년 역사에서 세계적으로 이렇게 강대국이 되어본 적이 없었고 이는 기적 그 자체였다. 이런 기적을 서양에서는 독일 '라인 강의 기적'보다 훨씬 위대한 '한강의 기적'이라고 말하고 있다. 우리는 자유민주주의 바탕 위에서 자본주의 시장경제 체제를 도입함으로써 '한강의 기적'이라는 경제 발전을 이루었고 그래서 지금 우리는 그 체제를 매우 당연한 제도로 인식하고 있다.

그러나 조선시대 왕정국가에서 해방 후 근대국가로 변화되는 시점에서 대부분의 국민들은 자유민주주의 시장경제 체제가 어떤 제도인지 경험해본 적이 없었다. 또한 기업이 어떤 것인지 아는 사람도 없었다.

우리나라 헌법 초안을 만든 유진오 박사는 자유민주주의 국가에 대한 개념을 잘 몰랐기 때문에 처음엔 사회주의 국가 헌법 초안을 만들었다. 그러나 미국 유학 생활을 통해 자유민주주의가 얼마나 소중한 가치를 지니는지를 알았던 당시 이승만 국회의장과 일부 기독교인들은 당초 사회주의 국가 체제로 만들어진 헌법 초안을 수정하여 자유민주주의 국가 헌법으로 바꾸었다. 자유민주주의의 가장 중요한 부분은 개인의 자유와 개인의 재산권을 국가가 지키고 보호한다는 것이다.

2차세계대전 후 일부 유럽과 동남아 국가들은 대부분 사회주의, 공산주의 노선을 채택했기 때문에 경제 성장을 이루어내지 못했고 결국 망하고 말았다. 사회주의 이념은 공동의 이익을 위해 개인의 자유를 희생할 수 있다는 사상이기 때문에 언뜻 보기에 달콤한 이념처럼 보인다. 그러나 인간의 속성, 즉 개인의 자유와 자율 속에서 나오는 효율과 생산성을 살릴 수 없기 때문에 나라의 경제를 성장시킬 수 없었다.

그들과 달리 1948년 개국과 동시에 자유민주주의를 선택한 대한민국은 박정희 대통령의 혜안과 지도력으로 경제 성장의 발판을 마련했다. 또한 국민의 교육열이 대단히 높아 전 세계에서 유래가 없는 문맹률 1% 미만을 달성했다. 이는 세종대왕의 쉬운 한글 덕분이었다. 1948년 전 세계에서 가장 못 살던 나라에서 70여 년 만에 경제 규모 11위에 올라서는 눈부신 발전을 이룬 기적의 나라가 되었다. 이런 '한강의 기적'의 원인을 정확히 이해하지 못하면 우리는 역사를 바로 알지 못하는 것이다.

다시 한 번 말하지만 이러한 경제 기적을 가능케 한 것은 우리가 1948년 개국할 당시 훌륭한 지도자들이 국민들은 미처 알지 못했던 자유민주주의와 자본주의 시장경제체제를 우리의 헌법으로 선택했기 때문이다. 그 위에 헌신적인 지도자를 만났고 또한 국민의 뜨거운 교육열이 있었기 때문이다.

이 세 가지 중에 한 가지라도 없었다면 오늘날 이렇게 발전한 대한민국은 탄생하지 못했을 것이다. 이념적으로는 이승만 대통령의 현명한 자유민주주의의 선택, 가난을 극복하고자 노력했던 박정희 대통령의 탁월한 지도력과 세종대왕의 쉬운 한글이 뒷받침된 덕분이었다.

그러나 근래에 사회주의 물결이 온 나라를 뒤덮고 있다. 자본주의 시장경제 체제를 무시한 정책들이 나오고, 서민들을 보호한다는 정부의 과도한 최저임금 인상이 자유시장경제를 흔들고 있다. 프랜차이즈 사업을 시작하려던 많은 업체들이 줄줄이 사업을 취소하고 한계기업들이 문을 닫고 있다.

인건비 상승으로 아르바이트를 구하던 사람들의 일자리는 오히려 줄어들고, 그 자리는 가족들로 대체됨으로써 고용시장이 급격히 냉각되고 있다. 일자리 창출과 근로자의 권익을 보호하겠다고 시행한 정책들이 오히려 일자리를 줄이고 있는 상황이다. 이는 정부가 시장경제 원리를 잘 이해하지 못하고 정책을 펴고 있기 때문이다.

사회주의社會主義, Socialism는 공산주의에서 분리된 것으로, 생산수단의 사적 소유를 부정하고 공동체주의와 최대 다수의 행복 실현을 최고 가치로 하는 공동이익 인간관과 사회적 윤리관을 기반으로

삼는다. 자원을 효율적으로 분배하고 생산을 공동으로 운영하는 협동 경제와 모든 민중이 노동의 대가로서 정당하고 평등하게 분배 받는 사회를 지향하는 사상이다.

이 같이 온 국민이 다 같이 평등하게 잘 먹고 잘 살자는 사상은 우선은 그럴듯해 보인다. 이런 면에서 공산주의와 비슷하다고 할 수 있다. 그러나 공동체라는 이름으로 인간의 자유가 억압되고 개개인의 능력을 발휘할 수 있는 공간은 없어진다. 또한 공동체 사상은 책임이 주어지지 않기 때문에 비효율적일 수밖에 없다.

노동 문제에 있어서도 그렇다. 열심히 일하는 사람과 열심히 하지 않는 사람을 동등하게 대우를 한다면 누가 열심히 일을 하겠는가? 그렇기 때문에 나라는 점점 망해갈 수밖에 없는 것이다.

세계적으로 유럽의 그리스, 유고슬라비아, 체코슬로바키아, 남미의 쿠바, 아르헨티나, 베네수엘라, 동남아의 캄보디아, 베트남, 라오스 등 공산국가와 사회주의를 선택한 국가들 중 잘사는 나라가 어디 하나라도 있는가?

아르헨티나와 베네수엘라는 민주주의 체제하에 잘 살던 나라였는데 사회주의를 채택하면서 국가 경제가 폭삭 망했다. 이런 모습들을 보면 우리가 어떤 이념으로 나라를 운영해나가야 할지 너무나 자명하다.

지금도 공산주의 국가인 중국과 베트남도 통일 후 공산주의 경제를 지속하다 보니 나라 살림이 점점 더 어려워졌다. 그래서 우선

경제 체제만이라도 자본주의 시장경제 체제를 선택할 수밖에 없었고 그 후 나라의 경제가 다시 살아나기 시작한 것이다.

자유민주주의 시장경제 체제 아래서는 비능률적일 수밖에 없는 공기업을 민영화시켜야 하는 이유도 여기에 있다. 공기업은 주인이 없기 때문에 생산성이 떨어질 수밖에 없다.

1987년 우리보다 10년이나 먼저 국가 부도로 IMF 사태를 맞은 영국은 당시 나라의 생산성을 올리기 위해 구조조정을 실시했고, 엄격한 법 집행으로 노동조합의 강경한 데모에도 불구하고 전기, 철도, 우체국 등 많은 국영기업들을 민영화시켰다. 그리고 민간 부실 기업들도 정부 지원금으로 연명시키지 않고 과감히 퇴출시켰다.

그렇게 혹독하고 과감한 구조조정 거치고 3년 후, 영국 경제는 다시 살아나기 시작했다. 유럽 국가 대부분이 사회주의 물결에 휩쓸리고 있을 때, 혹독한 고통을 감내하며 자유민주주의 시장경제 체제를 지켜낸 결과 영국은 다시 살아났다.

당시 어려운 환경을 극복해낸 영국 대처 수상은 너무나 인정머리 없고 매몰차다고 해서 '철의 여인'이란 별명을 얻었다. 그 냉정한 구조조정으로 인하여 노조들과 일부 국민들은 고통을 겪었지만 비능률적인 국영기업을 민영화하고 국가의 생산성을 살려내면서 영국은 제2의 경제 부흥을 맞게 된 것이다.

수상 은퇴 후 그녀의 공적을 기리기 위해 영국 의회에서는 국회 의사당 앞에 대처 수상의 동상을 세우기로 했다. 동산 제막식에 초청받은 대처 전 수상이 연설에서 오늘 이 자리에 와보니 기분이 별로 안 좋다고 말문을 여니 국회의원들이 놀라 안색이 변했다. 대처 여사 왈 "나는 철의 여인인데 왜 동상을 철로 만들지 않고 동으로 만들었느냐?"고 하며 멋진 유머를 날린 일화가 있다.

철도와 전기 국영기업 민영화를 선거 공약으로 내세웠던 김대중 대통령은 막상 대통령이 되고는 노동조합에 밀려 철도공사와 한전을 민영화시키지 못했다. 영국은 똑같은 IMF사태를 맞았을 때 원칙에 입각하여 나라를 경영함으로써 구조조정에 성공을 거두었다. 우리나라의 지도자들은 노조라는 이익집단에 밀려 경제의 비능률을 거둬내지 못했고, 그 결과 경제가 활력을 못 찾고 있는 것이다.

자유민주주의의 경제체제는 원칙을 지켜야 하고 그러기 위해 어느 정도 고통을 감내해야 나라가 살아날 수 있다. 사회주의는 고통을 피하려고 복지란 이름으로 자원을 물 쓰듯 하지만, 자유민주주의는 고통을 정면에 부딪치며 극복해나간다.

인간의 속성은 자유를 추구하며 개성을 존중 받으려 하지만 사회주의에서 개인의 자유와 개성은 공동체에 가려져 존중 받지 못한다. 우리나라의 일부 정치지도자들은 자유민주주의의 장점을 이해하지 못하고, 사회주의의 문제점을 파악하지 못하는 우를 범하고 있다. 우리 헌법으로 정한 자유민주주의 체제를 부정하는 것은 나라의 뿌리를 흔드는 것이다.

6.25 전쟁 전 많은 지식인들이 공산주의를 올바로 이해하지 못

하고 남노당에 가입해 월북했다가 모두 숙청된 것만 보아도 알 수 있지 않은가. 무지는 바로 죄인 것이다. 그래서 자유민주주의와 자본주의 시장경제가 무엇인가를 배우는 것은 나라의 체제를 지키고 질서를 유지하는 데 매우 중요한 공부이다.

올바른 역사 교과서 편찬과 역사교육의 중요성

우리는 역사를 왜 배우는가? 시험을 잘 보기 위해 하는 역사 공부는 진정한 공부가 아니다. 역사를 배우는 이유는 우리가 어떤 역사를 거쳐서 오늘에 이르렀는지 알고, 지난 역사를 통해서 잘했던 점과 못했던 점들을 분석해보고 과거를 거울 삼아 좀 더 나은 미래를 만들기 위함이다. 미래지향적 학문이며, 내가 앞으로 어떤 생각을 가지고 어떻게 살아가야 하는가를 알려주기 때문에 역사를 이해하는 것은 매우 중요하다. 그래서 역사에 대한 평가는 정직하고 냉철해야 하며 반드시 교훈이 있어야 한다. 역사 시험을 잘 보게 하기 위해 역사를 가르친다거나 역사를 통해 교훈을 설명하지 못한다면 그 역사교육은 무용지물이다.

영국의 E. H 카는 《역사란 무엇인가》란 저서에서 역사란 역사가와 사실 사이의 부단한 상호작용의 과정이며, '현재와 과거의 끊임없는 대화'라고 주장한다. 위대한 역사는 과거에 대한 역사가의 시각에 현재의 여러 문제에 대한 핵심을 꿰뚫어보는 균형 잡힌 관찰력이 있어야 쓰여질 수 있다는 것이다.

역사를 판단하는 기준은 전적으로 역사가에 달려 있지만 냉철하고 균형 잡힌 이성적 판단 없이 쓰여졌다면 군더더기에 불과하다. 과거로 인해 오늘이 있는 것이고, 그러므로 과거의 역사는 오늘과 분리된 역사가 아니다. 과거를 통해 오늘을 설명하지 못한다면 역사를 제대로 아는 것이 아니다. 역사가는 어차피 주관적일 수밖에 없지만 역사를 통해 현재를 설명할 수 있어야 한다. 역사가가 편협한 시각을 가지고 있으면 많은 사람들의 생각을 왜곡시킨다.

일부 우리나라의 역사학자들은 해방 이후 이승만 대통령과 박정희 대통령을 독재자 친일파라고 폄하하며 형편없는 지도자로 묘사한다. 하지만 1948년 해방 당시 우리나라는 전 세계 121개 국가 중 경제 규모 120위의 너무나 가난한 국가였으며, 이후 6.25 전쟁까지 겹쳐 그야말로 폐허가 된 상태였다.

그런 폐허 국가에서 70년 만에 전 세계인들이 놀랄 정도인 국가 경제 규모 11위라는 엄청난 경제 성장을 이루었다. 우리나라 5000년 역사에서 존재한 적이 없는 기적을 만들어낸 것이다. 이런 결과를 가져온 주요 원인을 요약해 설명할 수 없다면, 우리의 후손을 위한 역사교육은 없는 것이다.

무대에 하나의 연극을 올리기 위해서는 배우들의 역할도 중요하지만 연극을 기획하고 연출하고 투자하는 사람의 역할이 무엇보다 중요하다. 무엇이든 저절로 이루어지는 것은 없다. 누군가 기획을 하고 사회적 인프라를 깔아놓았기 때문에 배우들이 뛸 수 있는 것이다. 이런 비약적인 경제 성장의 인프라를 누가 만들었다고 생각하는가?

국민들의 교육열이 뛰어나고, 근면 성실했기 때문이라고 말하는 사람들도 있을 것이다. 분명 그런 원인도 있지만, 2차세계대전 이후, 독립한 많은 국가들이 사회주의 헌법을 선택할 때 우리는 자유민주주의 헌법을 선택했던 것이 주요했다. 국민들은 자유민주주의를 한 번도 경험해보지 못했고 그 개념도 이해하지 못했던 당시, 우리에게 훌륭한 자유민주주의 헌법을 만들어준 지도자가 있었던 것이다.

바로 이승만 대통령이다. 그는 6.25 전쟁 이후 북측과 미국이 당사자가 되어 휴전협정을 맺게 함으로써 미군을 영구히 국내에 머물게 하였다. 미군의 주둔은 가난하고 헐벗었던 우리나라를 세계의 기업인들이 자유롭게 투자할 수 있는 안전한 나라로 만들었다. 이승만 대통령의 그런 노력으로 우리는 다시 일어설 수 있는 바탕을 마련했다. 그런 환경을 만들지 못했다면 외국인들의 투자는 불가능했을 것이다.

그 후 박정희 대통령이 5.16 쿠데타를 통해 정권을 잡고 가난에서 벗어나기 위해 경제개발 5개년 계획을 추진하였다. 그 일환으로 경부고속도로를 건설하려 할 때 국내 4대 일간지는 모두 고속도로 건설 반대를 외쳤다.

당시 민주당의 김대중 씨는 고속도로 입구에 누워 농성을 했으며, 김영삼 씨는 단식투쟁을 했었고, 많은 지식인들이 목소리를 높여 고속도로 건설 반대 운동을 벌였다. 이렇게 전 국민의 95% 이상이 반대했던 경부고속도로를 박정희 대통령은 신념과 뚝심으로 뚫어낸다. 그렇게 물류비의 획기적인 절감으로 수출길이 열리기 시작했다.

또한 그는 자주국방을 해야 한다는 일념으로 나라의 산업체계를 경공업에서 중화학공업으로 변경시켰다. 민간기업을 통해 자동차, 조선, 철강, 석유화학 등 중화학공업을 육성시켜나갔다.

그 결과 무기를 우리 손으로 만들기 시작했고 이제 수출하는 나라가 되었다. 석유 한 방울 나지 않는 나라가 원유 수입은 700억 달러, 석유 제품 수출은 800억 달러라는 수출 국가가 되었다. 전 세계적으로 중화학공업에 투자하여 성공을 거둔 후진국은 대한민국이 유일하다.

나는 박정희 대통령을 생각할 때마다 늘 궁금한 것이 있었다. 그것은 사회와 경제를 잘 모르는 군인 출신이 어떻게 그렇게 뛰어난 혜안을 가지고 자동차도 별로 없던 시절 고속도로를 건설할 생각을 했으며, 경공업도 제대로 못 갖춘 나라에서 중화학공업을 육성할 생각을 할 수 있었는가였다.

나중에 역사 공부를 더 하면서 이유를 알게 되었다. 박정희 전대통령이 독일에 차관을 빌리러 갔을 때, 당시 독일 뤼브케 대통령에게 우리가 공산주의와 싸워 이기려면 독일처럼 잘 살아야 한다. 독일도

분단 국가이므로 우리 처지를 잘 알 터이니 우리를 좀 도와달라고 하소연하였다. 그때 뤼브케 대통령은 "돌아가시면 고속도로를 먼저 만드세요. 그러면 국내의 물류비가 줄어 수출길이 열릴 것입니다. 또한 중화학공업을 육성해야 자주국방을 할 수 있습니다"라고 알려주면서 "독일의 아우토반과 중화학공업은 내가 만든 것이 아니고 모두 히틀러가 만들어놓은 것"이라고 했다고 한다.

당시 최고의 산업국가였던 독일의 대통령에게서 경제 성장을 할 수 있는 노하우를 전수 받았기에 그런 정책을 펼 수 있었던 것이다. 가난을 극복해보고자 하는 박 대통령의 간절함이 있었기 때문에 그런 기회를 얻지 않았나 생각된다.

또한, 겨울철만 되면 할 일이 없어서 화투 놀음이나 하고 술이나 마시던 농촌 마을에 시멘트 300포씩을 나누어주고 일 없을 때마다 틈틈이 마을 사람들이 협력하여 비포장된 도로를 정비하고 마을을 가꾸도록 유도했다. 잘하는 마을엔 시멘트를 더 주었고 안 하는 마을에는 아예 시멘트를 주지 않았다.

그렇게 스스로 노력하는 마을에는 더 혜택을 주어 선의의 경쟁을 유도하여 마을 사람들을 단결하게 했고, 부지런히 일하는 분위기를 만들었다. 이것이 '우리도 한 번 잘 살아보세'라고 하는 새마을 운동이다.

정권을 잡은 후 박정희 대통령은 탈세를 일삼는 기업인들을 모조리 잡아들였다. 그런데 기업인들의 이야기를 들어보니 세금이 너무 높아 그 세금을 내고는 기업을 운영할 수 없다는 것이다. 그 사실을 듣고 그는 세율을 대폭적으로 낮춘다. 대신 기업인들에게 다시는 탈세를 하지 않고 국가경제 발전에 앞장서겠다는 다짐을 받고 모두 석방한다. 이렇게 국가가 비합리적으로 높았던 세율도 낮춰주면서 일을 하라는데 열심히 일을 하지 않을 기업인이 어디 있겠는가? 그때부터 기업인들은 혼신을 다해 나라의 경제 발전에 참여하며 기업가 정신을 발휘한다.

또한 전쟁의 폐해로 민둥산이 된 국토를 70년만에 이렇게 울창한 산림을 자랑하는 산으로 변화시킨 것도 바로 박정희 대통령이다.

이런 역사를 역사학자들은 외면하고 있다. 이는 역사가들이 좁고 편협한 시각으로 역사를 바라보기 때문에 진실을 보지 못하는 것이다. 우리나라의 경제부흥은 자유민주주의 시장경제 체제라는 인프라를 만들고 가난을 극복해보려는 간절한 소망을 가진 지도자의 영도력과 기업들의 투철한 기업가정신이 발휘된 결과이다.

그 다음 국민들의 교육열과 근면 성실함이 있었고, 세종대왕께서 만들어주신 쉽고 훌륭한 한글이 있었기 때문이다. 이것이 대한민국 문맹률이 전 세계에서 가장 낮은 이유다.

6.25 전쟁은 우리 민족에게 크나큰 상처를 주었다. 나라의 모든 것들을 철저히 파괴시켰고 양반, 상놈의 계급사회 문화와 질서, 관습까지 모두 무너뜨렸다. 그러한 철저한 파괴는 우리에게 큰 피해를 주었지만 아이러니하게도 아무 부담 없이 무엇이든지 건설할 수 있는

환경이 만들어진 것이기도 했다. 오늘날의 경제 발전은 철저한 파괴로 아무것도 거리낄 게 없었으므로 무엇이든지 쉽게 건설할 수 있었기 때문에 가능했다.

여러 가지 폐해와 부작용이 있었다 해도 발전의 동인이 된 것을 부정할 수는 없다. 싱가포르를 "아시아의 용"으로 우뚝 서게 한 리콴유 총리, 중국 급성장의 한 주축이 된 원자바오 총리는 물론 러시아의 푸틴 대통령, 필리핀의 아로요 대통령 등 많은 국가 지도자들이 그 역사적 사실을 꿰뚫어보고 우리의 사례를 모델로 삼아 자국을 발전시키고 있다.

"박정희는 근대화에 대한 확고한 철학과 원대한 비전을 바탕으로 시의 적절한 제도적 개혁을 단행했다. 매우 창의적이며 능률적이었다"고 평가한 하버드 대학의 카터 에르트 교수와 한국을 저개발 농업국가에서 고도로 성장한 공업국가로 변모시킨 것이 박정희의 역사적 공헌이라 평가한 MIT 정치경제학 교수 엘리스 앰스던을 비롯 다수의 세계적인 학자들도 긍정적인 평가를 내린 바 있고 '라인 강의 기적', 독일의 학생들은 우리 '한강의 기적'에 대해 아래와 같이 배운다.

1960년까지도 남한은 성인 1인당 국내총생산GDP 79달러로 가나나 수단과 같은 지구상 가장 가난한 나라였다. 그 당시 세계은행

보고서는 버마나 필리핀의 앞날을 장미빛으로 보았다. 천연자원
이 부족하고 에너지원이 없는 남한은 경제적 전망이 없다는 것이
다. 그런 남한은 오늘날 제11대 무역국가며 1996년부터 OECD회
원국이다. (중략) 불리한 자연 공간적 전제에도 불구하고 남한은
경제 기적을 이루어냈다.

_독일 국정교과서, 고교 상급반 지리 92페이지

역사교육이란 냉철한 역사의식을 가지고 미래를 준비하는 힘을
길러주는 과정이다. 이 과정이 제대로 이루어지지 않는다면 미래 또
한 없는 것이다. 남들이 주목하고 활용하는 비약적의 발전의 동인들
을 우리 스스로가 정확히 보지 못한다면 우리는 역사를 알고 있는 것
이 아니며, 그로부터 얻는 것도 없다.

지금의 실정을 살펴보면 한 방향의 시선에서 쓴 교과서가 주류
를 이루는 것 같은데 좌파든 우파든 공은 공대로 인정하고 잘못은 잘
못한 것으로 지적해야 한다. 역사의 원인과 결과를 올바로 기술하지
못한다면 올바른 역사학자라고 할 수 없고 이들이 집필한 역사 또한
교육적 가치를 가지지 못한다. 사실의 근거로 균형 잡힌 역사 교과서
를 만든다면 올바른 역사와 이를 바탕으로 한 교훈을 학생들이 배우
게 될 것이고, 그들이 우리나라의 미래를 건강하게 만들어갈 것이다.

살아 있는
교육

사라진 도전정신을 어떻게 키울 것인가?

얼마 전 내한한 세계적인 투자가 짐 로저스 회장은 서울 노량진 '공시촌'을 찾아 하루 15시간씩 공부한다는 청년들을 만난 후, "10대들의 꿈이 빌 게이츠나 마크 저커버그가 아닌, 공무원이라는 건 슬픈 일이다. 청년들이 도전하지 않는 나라가 어떻게 신흥 국가들과 경쟁할 수 있겠나?"라는 말과 함께, 한국은 투자처로 흥미가 없는 나라라고 일갈했다.

우리의 젊은이들이 꿈도 없고 도전정신도 없다는 것은 매우 서글픈 일이다. 우리의 젊은이들이 기가 빠진 늙은이와 같다는 뜻 아닌가. 우리나라가 선진국과 어깨를 나란히 하려면 이제라도 그 원인을 찾아서 올바른 처방을 내려야 한다.

　이는 그동안 기성세대가 가정과 학교에서 생각능력, 강한 체력과 정신력을 키워주지 못했기 때문에 벌어진 일들이다. 결과적으로 우리는 다음 세대에게 기존의 질서에 도전하고 뛰어 넘어 새로운 질서를 창조할 수 있는 창의력과 도전정신을 키워주지 못한 것이다.

　왜 그런 결과가 나왔을까? 우리나라가 북한보다 못살던 나라에서 급속한 경제 발전을 이룩할 수 있었던 것은 6.25 전쟁으로 폐허가 된 땅 위에서 먹고 살기 위해 몸부림 쳐야 했던 우리의 어른들이 무슨 일이든 했기 때문이었다.

　자유민주주의 체제라는 발판 위에 선배들의 불굴의 도전정신이 있었기에 눈부신 경제 성장을 이루어냈다. 그렇지만 지금 우리가 이미 선진국에 도달할 만큼 발전했기 때문에 이제 성장이 멈춰도 되는 나라는 결코 아니지 않은가.

　로저스 회장의 말에 틀린 것은 하나도 없었다. 청년들의 도전정신이 살아나야 나라의 미래가 있는 것이다. 우리가 이제라도 로저스 회장의 충고를 귀담아 듣고 우리의 약점을 보완해나간다면 자녀들의 미래를 밝힐 수 있을 것이다.

　과거 세대는 먹고 사는 것 자체가 어려웠고 가진 것이 없었기에 무슨 일에든 도전을 해야만 했다. 그래서 더 용감했다. 하지만 자식들에게는 그런 어려움을 주지 않으려고, 편안한 환경만을 만들어주려다 보니 아이들이 넘어질 수 있는 기회, 실수할 수 있는 기회, 생각할 수 있는 기회를 모두 부모가 빼앗았다.

자식의 삶의 모든 일을 일일이 간섭하다 보니 아이들은 자연히 약해질 수밖에 없었고 환경을 극복하고 도전하기보다 의존하고 순응하는 성향이 생겼다. '헬리콥터 맘'• 이라는 유행어가 보여주듯 자신의 아이들이 행여 넘어질까, 다칠까, 실패할까 전전긍긍 하는 부모의 과잉 보호가 아이들의 성장을 멈추게 한 것이다. 스스로의 인생을 스스로 생각하고 판단하지 못하고 부모 눈치를 보며 살다 보니 그렇게 된 것이다.

> • 헬리콥터 맘: 자녀 주위를 헬리콥터처럼 맴돌며 모든 일에 간섭하는 부모를 말하는 사회용어. 자녀의 인생에 대한 간섭이 지나쳐 아이의 독립심과 자립을 해치고 자존감을 떨어뜨려 사회적으로 문제가 발생할 정도인 부모들을 말한다.

요즘 아이들이 풍요로운 시대에 살고 있어서 도전의식을 못 가진 것이 아니라 아이들 스스로 생각하고 해결해나가야 하는 과정을 모두 부모가 대신해줬기 때문에 벌어진 일들이다. 공부하는 것, 과외 가는 것, 대학 가는 것, 노는 것, 군대 가는 것, 직장 가는 것 등 모두 부모가 일일이 간섭하고 판단하고 지도하다 보니 아이들의 생각은 없어지고 수동적으로 약해진 것이다.

"실패는 성공의 어머니"라는 말이 있다. 이렇듯 아이가 실패의 경험으로 성장해야 하는데 부모가 그런 기회를 다 빼앗은 것이다. 그 결과 아이들은 자존감을 키우지 못했다.

자존감이 없는데 자기 삶의 주인 노릇을 할 수 있겠는가? 기성세대들은 아이들이 실수하고 깨달을 시간을 기다려주지 않는다. 강인한 정신력은 넘어지고 일어나고 또 넘어지고 일어나는 실수의 과정을 통해 비로소 길러지는 것을 간과한다.

이제 우리의 약점이 무엇인지 알았다면 자식을 사랑하는 방법부터 바꾸어야 한다. 아이들에 대한 과잉 간섭과 지배를 줄여야 한다. 그리고 자녀들의 실수할 기회를 막지 말고 경험할 수 있도록 격려하고 믿어주고 기다려주는 사랑을 보여줘야 한다.

스스로 자유롭게 생각하며 실수의 경험도 쌓고, 스스로 미래를 위해 고민할 때 아이들의 자존감은 성장하며 기존 질서에 도전하는 의욕도 싹 트기 시작하는 것이다. 그러니 아이들이 자기의 주인이 되어서 우리 사회에 스스로의 삶을 개척하고 도전하는 젊은이들이 많아지도록 교육환경을 바꿔야 한다.

과거처럼 열심히 노력하는 것만으로 성공을 보장 받는 시대는 끝났다. 지식 암기 위주의 교육으로는 생각능력을 키우지 못하며 창의성도 살리지 못한다. 생각하는 교육, 즉 토론 수업이 없는데 어떻게 창의성을 키울 수 있는가.

이제 창의성을 살리는 새로운 교육으로 나아가야 한다. '꿈이 없으면 창의성도 도전도 없다'는 의식을 가지고 글로벌한 생각을 키우면 꿈도 생기도 도전의식도 발현된다. 지식 전달 중심 교육에서 생각하고 토론하고 발표하며 새로운 것을 꿈꾸며, 창조하고 도전하는 교육으로 바꾸어가야 한다.

도전정신은 또한 적극적인 체육 활동이나 고된 극기훈련을 통해 배양된다. 우리나라에서는 위험하다고 과격한 운동은 안 시키지만 선진국에서는 익스트림스포츠extreme sports(action sports, aggro sports, adventure sports 라고도 불린다) 인기가 있으며 교육프로그램으로도 많이 활용되고 있다. 이런 스포츠들은 자신의 한계에 도전하는 체육 활동으로 정신력과 도전정신을 북돋운다. 이런 교육으로 우리 청소년들의 도전의식에 불이 붙기를 고대한다.

공부 못했던 그들이 부자가 된 이유는?

일반적으로 공부란 대학 입시를 잘 치르거나, 좋은 직장에 들어가기 위해 지식을 암기하는 것으로 생각하고 있다. 이 말은 딱히 틀렸다고는 할 수 없으나 공부의 지극히 일부분을 설명한 것이지 진정한 공부를 설명한 것은 아니다. 공부는 자기가 하고 싶고 궁금한 것, 호기심을 채우기 위해서나(지혜, 지식, 기술 등) 삶의 깨달음을 얻기 위해 배우는 것이다.

심리학에서 인간은 즐거운 놀이를 위해 태어난 동물이라고도 한다. 아무리 중요한 지식이나 정보도 재미가 없으면 쉽게 잊어버린다.

그래서 그 지식이 오래 기억되게 하려면 재미있는 놀이와 연관하여 공부를 하는 것이 효과적이라고 할 수 있다. 단순 지식으로 배운 것은 쉽게 잊어버리나 실험이나 놀이를 통해 경험으로 배운 것은 잘 잊어버리지 않고 진정한 내 지식이 된다.

기존에 우리가 알고 있었던 공부가 아닌 다른 시각으로, 공부를 창의적으로 설명한다면 이렇게도 표현할 수 있다.

1 모든 호기심을 참지 말고 알려고 노력하는 것
2 다른 사람의 의견을 듣는 법과 어떻게 자기 의견을 표현하는가를 배우는 것
3 답을 찾지 말고 질문을 찾는 것
4 모든 질서와 환경에 도전하고 극복하는 것을 연구하는 것
5 프로젝트를 수행하거나 경험하는 것

이런 관점에서 공부를 바라보면 학교에서 이루어지는 공부는 아주 작은 일부분에 지나지 않는다는 것을 알 수 있다. 따지고 보면 공부의 시작은 생각인 것이다. 좋은 대학에 들어가는 것이 목표가 아닌 공부 본질에 대한 인식과 사고를 바로 잡아야 비로소 공부할 의지가 생기고, 그 의지를 동력 삼아 배움의 페달을 밟아나갈 수 있는 것 아닐까? 결국 삶에 대한 희망과 꿈으로 의욕이 넘칠 때 공부도 하고 싶은 생각이 드는 것이다.

공부를 하는 진정한 목적은 생각하는 능력을 키우는 것, 청소년들의 미래 역시 생각의 자유를 얻을 때만 보장 받을 수 있다. 시대의 변화가 너무 빠르다 보니 10년 후면 노동부에 등록된 직업 중에 65% 이상이 사라지고, 새로운 직업이 그 자리를 대체할 것이란 전망이다.

진정한 공부란 지식을 많이 쌓는 것이 아니다. 따라서 과거의 지식을 많이 쌓는 공부는 진정한 의미의 공부가 아니다. 진정한 공부는 어떻게 사는 것이 행복한 삶인가를 깨닫고 실천해나가기 위한 토대를 마련하는 것이다.

미국의 부유층을 대상으로 각종 설문조사와 인터뷰를 한 후 그 데이터를 바탕으로 백만장자의 여덟 가지 성공 원칙을 소개한 《백만장자 마인드》란 책을 쓴 토머스 J. 스탠리의 이야기이다.

"학교를 마치고 사회를 나서는 젊은이들에게 무엇이 가장 필요로 할까요?

긍정적인 건전한 마인드입니다. 건전한 마인드는 샘솟는 우물과도 같아서 맑고 투명한 생각을 끊임없이 생산해냅니다. 학교 때의 성적은 별로 중요하지 않다는 것이 또 다시 확인되었습니다. 미국판 수능 SAT는 만점 1600에 하버드, 스탠퍼드 등 명문대에서 1400 이상을 요구하고 있는데 미국 부자들의 평균 SAT는 1190입니다."

토머스 J. 스탠리는 자수성가 부자들 중 SAT 1000점 이하의 소위 '900 클럽'의 성공비법을 크게 세 가지로 정리했는데, 첫째 이들은 모든 사람에게 정직했고, 둘째는 사람들과 잘 어울렸고, 셋째는 자기

관리가 철저했다는 것이다.

이렇듯 성공은 지식을 얼마나 쌓았느냐에 달려 있지 않고 어떤 대학을 나왔느냐와도 상관이 없다. 자신만의 꿈, 긍정적인 마음, 좋은 습관, 글로벌 마인드가 중요하다. 우리 아이들에게 필요한 교육은 지식 전달이 아니고 생각능력을 키워주며, 전인교육으로 체력을 강화하고, 긍정적 사고와 좋은 습관을 만들어주는 것이다. 나아가 나보다 우리, 혼자의 힘보다 협력의 위력을 가르치며, 경쟁을 하더라도 함께 상생을 추구하는 마인드를 심어주는 것이 진정한 교육이며 성공의 비결인 것이다.

스스로 제작하는 졸업앨범은 소중한 공부가 된다

선진국에서는 2~30년 전부터 교내에 앨범 팀이 있어서 학교의 모든 행사자료를 모으고 앨범 편집 기획을 모두 아이들이 직접 하고 있다. 이런 활동은 교육적으로도 매우 중요하다. 이는 우리 대신학원이 졸업앨범에 대해 가지고 있는 특별한 시선이기도 하다. 우리는 졸업앨범 이름을 'Year Book'으로 개명했다. 그동안의 졸업앨범은 졸업하는 3학년 학생들의 활동만 다루었는데, 이제는 1, 2, 3학년의 모든 활동을 대상으로 하기 때문이다. 물론 졸업생들의 자료를 중심으로 편집하지만 20~30%는 1, 2 학년의 활동 기록을 넣고 있다. 졸업생들의 자료가 더 많긴 하지만 앨범 제작팀은 1, 2, 3학년 학생들 모두를 포함하여 구성하고 있다. 저학년 학생들도 사전에 경험을 쌓게 하기 위함이다.

지난 2012년부터 대전 대신중고등학교의 학생들은 스스로 졸업앨범을 편집하고, 인쇄소에 맡겨 제작하는 것까지 직접 하고 있다. 그동안 사진관에 의뢰해 제작을 해보니 앨범 비용이 너무 비싸고 품질도 낮았으며 다양한 학교 활동들이 표현되지 않았기 때문에 시도해본 것인데 결과물은 물론 교육적 효과가 탁월했다.

내가 대전 대신중고등학교의 Year Book을 지도하는 교사에게 보낸 서신을 통해 스스로 제작하는 졸업앨범 교육의 올바른 방향을 제시해본다.

Year Book을 지도하는 교사에게

중고등학교의 앨범 Year Book의 제작은 단순히 예쁘고 디자인 좋은 앨범을 만드는 것이 목적이 아닙니다. 아이들의 우정과 역동적인 활동, 추억 그리고 아이들의 에너지를 상상력과 창의력으로 표현해내는 매체입니다. 지도교사는 다양한 활동과 생각들을 표현하면서도 절제가 있고 품격이 있는 Year Book을 만들 수 있도록 지도해야 합니다. 그래서 Year Book 제작 지침을 만들고 필요하면 매년 업그레이드하는 것이 좋습니다. 그것이 곧 Year Book 교육프로그램이 되는 것입니다. 일반적으로 Year Book 제작은 입시와는 무관하므로 쓸데없는 일이라 생각하기 쉬우나 사회에 나와서는 바로 이런 프로젝트를 잘하는 사람이 능력 있는 사람이라 인정 받습니다. 그 실전을 공부하는 것이기에 매우 중요합니다.

그리고 Year Book 종이를 더 얇은 것을 사용할 수 있는지 검토해 주십시오. 지면 구성에서 허세가 많아 낭비되는 지면과 반복되는 문구가 너무 많습니다. 내용 구성에서 창의성이 더 필요해 보입니다. 페이지마다 대신고등학교란 글자가 찍히고 내용보다 제목의 글들이 너무 크며, 여백이 많습니다. 후면의 교사 사진도 25~30명은 들어갈 수 있게 하면 페이지 수를 줄일 수 있을 것 같습니다. 선진국 중고교 Year Book 사례를 보면 종이가 얇으면서도 책 두께는 두껍고 그 속에는 사진뿐만 아니라 아이들의 이야기와 학교 이야기story가 많이 소개되고 있습니다. 예를 들면 한 사람 한 사람의 3년간 학교 생활에 대한 소감이나 인상 깊었던 추억에 대한 글, 자기 꿈과 포부에 대한 글, 자기 생각에 대한 글, 전문적 분야에 대한 소개 글 등이 있습니다.

이렇게 개개인에 충실한 Year Book이 만들어지면 다양한 내용으

로 꽉 채워져 자연히 두꺼워질 수밖에 없으며 그래서 얇은 종이를

검토하란 제안을 드립니다. 종이가 얇아지면 종이 가격이 좀 올라

가는 것이 문제이긴 하겠지만.

이렇게 내용이 충실한 Year Book이 되기를 바라며, 허세를 보이는

앨범처럼 보이는 부분은 좀 줄여줬으면 합니다. 아이들의 열정과

창의성이 돋보이는 Year Book을 만드는 것이 교육입니다.

학생들의 참여로 확연히 달라진 졸업 앨범
(좌)옛 졸업앨범 (우)Year Book

말을 잘하고 싶으면 생각능력을 키워라

글은 머릿속에 생각했던 개념을 정리해 쓰는 것이다. 말도 마찬가지로 생각한 것을 언어로 표현하는 것이다. 그래서 말을 잘하려면 말을 만드는 생각, 생각능력을 키워야 한다. 생각능력을 키우면 말의 내용을 구조적으로 정리할 수 있는 능력이 생겨 조리 있게 말을 하게 된다.

그럼 생각능력은 어떻게 키워야 할까? 생각능력은 토론을 통해 갈고 닦을 수 있으며, 생각능력이 키워지면 자연스럽게 말도 잘할 수 있다. 깊은 생각 없이 말을 잘한다는 것은 불가능하다. 말을 잘한다는 것은 논리가 정연하고 사람들의 마음에 따뜻한 공감을 불러일으켜서 신뢰를 줄 수 있는 말을 하는 것을 일컫는다.

21세기에 가장 중요한 것이 소통이라고 하는데 그 소통의 중심에는 말이 있다. 이렇게 중요한 것이 말인데 학교에서는 말하는 법을 가르치지 않는다. 지식을 암기하는 데 치중할 뿐 토론수업이 거의 없기 때문이다. 공부가 지식을 암기하는 것이 아니고 생각능력을 키우는 것이 되어야 미래에 유용한 자기 실력과 힘을 기를 수 있다.

생각능력에서 만들어지는 논리와 함께 꼭 있어야 하는 것이 한 가지 더 있다. 그것은 바로 인간미 넘치는 유머이다. 말이 아무리 논리정연하더라도 사람의 감성을 자극하지 못하면 힘이 없다. 논리는 사람의 이성을 일깨울 수는 있어도 감성을 자극하지는 못한다. 감성을 자극하지 못하면 소통은 반감될 수밖에 없다. 유머는 사람의 긴장을 풀어주고 감성을 자극하는 중요한 요소이다.

말을 잘한다는 것은 큰 매력이며 힘Power이다. 말을 못하는 정치인은 국민들에게 공감을 얻기 힘들며, 따라서 지도자에게도 말은 매우 중요한 덕목이다. 말을 잘하려면 생각능력 외에 중요한 것이 몇 가지 더 있다. 말하는 훈련, 즉 말을 정확하게 전달하기 위해서는 명확한 발음과 발성이 중요하다. 또 말에 걸맞은 표정과 제스처로 분위기를 현실감 있게 연출하는 것도 중요하다. 학교에서도 아이들이 발표를 하거나 토론을 할 때 침착하게 또박또박 정확한 발음으로 말하도록 선생님들이 유도한다면 말하기 교육이 가능하다.

말을 할 때 청취자의 공감을 얻기 위해선 절대적으로 필요한 것이 한 가지가 더 있다. 그것은 사람의 긴장을 풀어주어 공감을 갖게 해주고 웃음을 줄 수 있는 자연스런 미소와 유머이다. 이런 미소와 유머를 구사하려면 긍정적인 마음, 열린 마음과 여유가 있어야 한다. 그리고 책을 많이 읽어서 경직되지 않고 유연한 사고를 가진 사람이 자연스런 미소와 유머를 구사할 수가 있다.

요약하자면 '말을 잘하려면 즐거운 토론을 많이 해서 생각능력을 키워야 한다'.

음악과 미술이 우리 삶에 미치는 영향

음악, 미술은 우리 삶에 있어도 그만 없어도 그만인 존재들일까? 음악, 미술 등 예능이 대학 입시 과목에 없다고 중고교에서 소홀히 다루는 경향이 있다. 학부모들 중에도 이들이 아이들의 성공에 별로 중요하지 않다고 여기는 분들이 계시다면 이제 생각을 바꿀 필요가 있다. 종교개혁가 마르틴 루터는 음악이 신학 다음으로 하나님의 가장 큰 선물이라고 하였다. 음악은 신학과 닮은 점이 많아 특히 영혼을 치유하고 영들을 소생시킨다. 음악이 없으면 인간은 목석과 마찬가지며, 음악이 있으면 마귀를 멀리 보낼 수 있다. 루터는 이것을 영적인 고통 가운데에서 직접 경험하였다고 했다.

> *"음악은 나를 자주 소생시켜주고 무거운 짐으로부터 해방시켜준다."*
>
> *마르틴 루터*

이렇게 음악은 우리 삶에 없어서는 안 될 중요한 요소다. 세상은 이것 없이 잘 돌아가지 않는다. 영화가 처음 등장했을 때는 무성영화도 인기가 있었지만 지금 시대에 무성영화를 생각해보라. 얼마나 재미없고 무의미하게 느껴지겠는가. 모든 영화에 음악이 없다고 생각하면 정말 삭막하고 건조할 것이다. 현대는 시각적 느낌과 청각적 느낌이 중요한 5감 시대가 되었다. 이제는 정말로 잘 노는 사람이 성공하는 시대가 되었다. 허나 기존의 공교육시스템은 이것을 수용할 수 있는 환경을 갖추고 있지 못하다. 다가올 인공지능 4차산업시대에는 인간은 음악, 미술을 포함한 더 창의적인 일에 종사하게 될 것이다. 음악 미술 같은 예능은 우리에게 마음의 여유와 휴식을 주며 상상의 날개를 펴게 하여 창의성을 키워준다. 대부분의 사람들이 그것의 가치를 잘 모르기 때문에 무시하는 것이다.

음악과 미술은 삶의 윤활유이며, 삶의 여백을 갖게 해준다. 아무리 훌륭한 기계를 만들었어도 윤활유가 없으면 돌아가지 않는다. 그러므로 윤활유는 있어도 되고 없어도 되는 그런 것이 아니라 기계가 돌아가기 위해 꼭 있어야 하는 것이다. 마찬가지로 삶에서의 음악 미술도 윤활유처럼 매우 중요한 요소이다. 그것 없이 삶을 영위한다는 것이 불가능한 것이다.

음악, 미술이란 언어를 모르는 사람은 정서적으로 매우 메말라 있어 사람들과 다양한 교감을 할 수가 없다. 따라서 균형 잡힌 생각과 판단을 하기 어렵기 때문에 사람들과 원활한 소통이 불가능하다. 인간은 모든 지적 능력, 감성, 인성이 조합되는 균형 잡힌 생명체이다. 음악, 미술을 모르는 사람은 이 시대에 조화롭게 살아가기 힘든 불균형한 사람이다.

예부터 유대인들은 형태가 없는 지적 서비스 활동은 경쟁자가 적어 쉽게 비즈니스를 확립할 수 있다고 생각했다. 이러한 사고는 음악과 미술 활동 같은 지적인 활동이 돈보다 더 가치가 있다고 한 탈무드의 가르침에서도 확인할 수 있다. 음악과 미술 활동을 중요시한 유대인들의 균형 잡힌 정신은 금융, IT, 영화, 언론, 법률서비스 등의 무형 산업들을 그들이 세계시장에서 장악할 수 있었던 원동력이기도 하다. 이처럼 음악과 예술은 인간을 인간답게 만들고 풍요롭고 여유롭게 만든다.

4차 산업혁명과 교육 패러다임의 대전환

학창시절 수업시간에 교과서에서 인류진화 과정 상상도를 본 기억이 있을 것이다. 400만 년 전 구부정하게 서 있던 오스트랄로피테쿠스는 손에 돌조각을 쥐고 있다. 5만 년 전 네안데르탈인은 손에 나무 막대기를 들고 걸어가고, 1만 년 전 크로마뇽인은 목과 허리를 꼿꼿하게 세운 채, 손에는 창을 들고 있다. 그렇다면 현생인류, 즉 나는 현대 사회를 살아가면서 손에 무엇을 들고 걸어가고 있을까?

정답은 바로 현대인들의 필수품이 되어버린 최첨단 도구, 스마트폰이다. 돌도끼를 들고서 먹이를 구하고 자신을 보호했던 오스트랄로피테쿠스가 호모 사피엔스를 지나 스마트폰 없이는 생활이 불가능한 신인류인 포노 사피엔스로 진화한 것이다.

교육 패러다임의 전환을 얘기하자면 인류가 포노 사피엔스로 진화하기까지 사회가 어떻게 변해왔는지 먼저 살펴볼 필요가 있다. 영국에서 시작된 1차산업혁명은 농사 또는 수공업이나 하던 농업 위주의 시대에서 증기기관의 발명으로 공장을 세우게 되고 제품을 대량 생산하는 시대로 접어든 것을 의미한다.

영국의 산업은 면직물공업에서 시작됐다. 천을 짜는 방적기가 등장했고, 증기를 이용한 자동화가 도입된 인류 역사상 최초의 근대 공장이다. 당시 증기기관차, 증기선, 철도 등이 운송수단으로 탄생되었다. 기차는 전 세계로 퍼져나가 철도 네트워크가 표준이 된다.

2차산업혁명은 증기기관을 사용하던 자동차가 동력에너지를 내연기관의 석유로 바꾸면서 폭발적 발전을 한다. 자동차 회사가 내연기관을 대량 생산함으로써 자동차가 널리 보급된다. 또 하나는 에디슨의 전구 발명으로 전기를 생활에 활용하고 널리 보급했다. 석유와 함께 등장한 새로운 동력으로, 전기는 공장의 자동화를 이루어내며 그 결과 생산성이 폭발적으로 증가한다. 이에 따라 제조 품목도 식료품, 음료 등 다양해진다. 전기 장치를 이용한 영화, 라디오, 축음기 등도 개발된다.

사실상 오늘날 우리가 즐기는 대부분의 품목들이 이때 발명되었다. 내연기관의 발달로 자동차 문명이 일류의 표준이 되고 안정적인 전기에너지의 보급으로 모든 생산 시스템에 획기적인 변화가 일어나며 전기 네트워크가 인류 문명의 표준이 된다. 컴퓨터의 발전과 통신기술의 발달로 인터넷이 등장하고 각 가정에 보급되면서 시작된 3차산업혁명은 정보화 네트워크를 형성하며 인류 생활에 거대한 변화를 일으킨다. 드디어 2007년 스티브 잡스에 의해 탄생한 스마트폰으로 인해 정보화 네트워크는 포노 사피엔스가 주인이 되는 새로운 세상을 만든다. 인터넷과 통신망이 각 가정에 보급되기 시작한 지 불과 30년 만에 이제 거의 모든 생활이 스마트폰과 네트워크 없이는 불가능한 사회가 되었다.

우리도 모르는 시간에 우리 문명의 표준이 바뀐 것이다. 과학기술의 발달로 만들어진 스마트폰을 사용하는 포노 사피엔스는 다양한 웹을 통해 새로운 경험을 하게 된다. 웹을 통해 새로운 서비스에 매료된 포노 사피엔스들은 순식간에 신 소비문명으로 빠져든다. 모바일 기반의 웹을 통해 포노 사피엔스의 수요와 공급을 연결하는 대표적인 플랫폼 사업자가 미국의 에어비앤비, 우버, 한국의 카카오 뱅크 등이다. 이제 인류 문명의 소비 주체는 포노 사피엔스가 된 것이고 이들이 표준이 되었다.

4차산업혁명 시대란 정보통신 기술ICT의 융합으로 이루어낸 혁명의 시대를 말하며, 핵심 내용은 빅데이터 분석, 인공지능, 로봇공학, 사물인터넷, 무인운송수단(무인항공기, 무인자동차), 3차원 인쇄, 나노기술과 같은 6대 분야에서의 새로운 기술 혁신이라 할 수 있다.

1920년대 뉴욕의 거리는 시로부터 면허를 받은 고급스런 우마차가 즐비했다. 자동차가 탄생하자, 뉴욕 거리를 100여 년 동안 지켰던 우마차가 사라지는 데 불과 1년도 걸리지 않았다. 산업의 변화는 이렇게 순식간에 우리의 삶을 송두리째 바꿔놓는다.

그래서 시대 변화의 흐름을 읽어야 한다. 4차산업혁명 시대로 접어든 요즘, 이제는 지식과 정보가 너무 빠르게 변하기 때문에 암기했던 지식과 학력은 아무런 소용이 없어지고 있다. 매일 쏟아지는 새로운 지식과 정보를 습득하고 활용, 융합하는 능력이 필요한 시대가 되었다.

4차산업혁명 시대에 학습능력이 생긴 인공지능AI이 비약적으로 발전하면서 주식 동향 등 경제데이터를 활용한 경제 기사는 이미 80%가 인공지능에 의해 쓰여지고 있다. 이제 인간은 모든 분야에서 인공지능이 필요로 하는 지식과 정보data를 제공하고 인공지능이 그 정보를 활용하여 인간이 원하는 아웃풋out-put을 낼 수 있도록 프로그램을 개발하고 운영하는 일들을 하게 될 것이다.

이는 현재의 직업들이 본격적으로 변화하고 있는 것을 보여준다. 자율주행 자동차는 10년 안에 상용화될 것이라 예견되고 있다. 이미 대기업들과 첨단 AI 관련 기업들은 그런 변화에 대처하기 위한 다양한 M&A와 투자를 본격화하고 있다. 영국의 산업혁명 이후 컴퓨터와 인터넷의 등장으로 정보화 사회가 되었고 이제는 인공지능과 사물인터넷의 시대로 변해가고 있다.

유연자동차가 탄생한 지 100년 정도 되었는데 이제 그 시대가 끝나고 무인 전기자동차의 시대가 펼쳐지려 하고 있다. 스마트폰을 사용하는 포노 사피엔스가 신인류로 등장하며 X세대도 이미 구세대가 되어버렸다. 모든 비즈니스가 포노 사피엔스에 초점을 맞춘다.

교육도 시대에 맞는 진화가 필요하다. 교육에는 시대가 바뀌어도 변하지 않는 인성교육과 전인교육이 있고, 시대에 맞춰 변해야 하는 학습교육이 있는 것이다. 이렇게 엄청난 변화가 일어나고 있는 현실에서 가장 먼저 바뀌어야 하는 학습교육은 새로운 정보를 융합하는 사고력과 창의력, 타인과의 소통능력, 공감능력 등이 있다.

그러나 우리의 현실은 아직도 과거의 패러다임에서 벗어나지 못하고 암기 위주, 칠판 위주의 교육을 하고 있다. 지금처럼 교과서를 가지고 열심히 암기하는 제한된 일방적 학습교육을 하루 속히 벗어나서 인터넷에 등장하는 다양한 이슈들을 가지고 토론식 수업과 발표식 교육으로 생각능력을 키워야 창의력을 발현시킬 수 있는 것이다.

이제 학교는 지식을 가르치는 기관이 아니고 아이들 스스로 공부하는 방법을 가르쳐야 하는 기관이 되었다. 어떤 환경과 어떠한 정보 속에서도 그 정보들을 냉철하게 분석하고 판단할 수 있는 능력을 키워줘야 한다.

시대에 맞는 교육 진화의 예를 보여주는 프랑스의 한 교육기관을 소개하겠다. 우리나라 TV에서도 소개된 적이 있는 에콜 42이다.

프랑스 한 이동통신사 회장이 사재로 설립한 이곳은 학비가 전액 무료다. 학위는 따로 수여되지 않으나 졸업생 대부분이 글로벌 IT 기업에 취업하는 명문이다. 하지만 이곳에는 교수가 없다. 학생들에게 프로젝트를 주고 학생들끼리 스터디그룹을 만들어 그것을 수행하는 것을 공부로 생각한다. 교수가 없는 이유는 교수의 고정관념을 학생들에게 고착화시킬 것을 우려하여서이며, 강의를 따로 하지 않는 것은 협동을 통해 프로젝트를 수행하는 것 자체가 수업이라고 생각하기 때문이라고 한다. 에콜 42 니콜라 사디락 교장의 말을 들어보자.

"향후 학교가 길러주어야 할 인간의 역량이란 간단합니다. 바로 인간 본연의 역량을 키워야 하는 것입니다. 창의성, 예술, 사람들과의 상호작용, 공감능력과 같은 가까운 미래에 자동화될 수 없는 것들, 바로 이런 인간의 특성들을 키워야 합니다."

스탠포드 기계공학과 셰리 셰파드 교수의 말도 의미심장하다.

"30년 전에는 학생들을 가르칠 때 전통적인 교재와 깔끔한 문제가 있었습니다. 평범한 공식에 숫자를 대입하면 정확한 답이 나왔죠. 하지만 이제 점점 더 많은 지식이 있어야 한다는 압박을 받게 될 것입니다. 결국, 학생들이 스스로 배우는 방법을 가르쳐야 하는 시대가 온 것이지요. 바로 티핑포인트Tipping Point *의 시대입니다."

앞으로 빅뱅이라고 할 정도의 폭발적인 사회적 변화가 예견되므로 셰파드 교수는 이를 '티핑포인트'라는 말로 표현했다. 이렇게 급변하는 현실 속에서 교육의 패러다임 변화는 필요한 정도가 아니라 생존을 위해 절대적인 것이다. 이런 교육의 새로운 패러다임을 빨리 받아들이지 못한다면 조선 말기 서양의 문물을 받아들이지 않고 쇄국정책을 폈던 우를 또 한 번 범하는 셈이다.

학생들이 스스로 배우는 방법을 가르치는 것이야 말로 21세기 교육의 핵심이라 할 수 있다. 인간은 각기 독특한 개성과 특성을 가지고 있기 때문에 자기에게 필요하고 알맞은 배움을 스스로 터득하게 함으로써 교육을 통해 서로 각기 다른 특성 있는 다양한 사람을 탄생시킨다는 목적을 달성할 수 있기 때문이다.

● 티핑포인트Tipping Point: 어떤 현상이 처음에는 아주 미미하게 진행되다 어느 순간 균형을 깨고 예기치 못한 일들이 폭발적으로 일어나는 그 시점을 말한다. 티핑포인트는 원래 노벨경제학상을 받은 토머스 셰링Thomas Schelling이 〈분리의 모델Models of Segregation〉이라는 논문에서 제시한 '티핑 이론'에 나오는 개념이다. '갑자기 뒤집히는 점'이란 뜻으로 때로는 엄청난 변화가 작은 일들에서 시작될 수 있고 대단히 급속하게 발생할 수 있다는 의미로 사용된다.

3장

학교와 교사의
역할

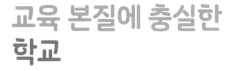

교육 본질에 충실한 학교

생명을 살리는 교육

"세상은 자기가 마음 먹는 대로 된다."

2012년 MBC TV에서 한글날 특집으로 〈말의 힘〉이라는 다큐멘터리를 방영했었다. 쌀밥을 지어서 똑같은 2개의 유리병에 나누어 넣고 하나의 유리병에게는 매일 "사랑합니다", "고맙습니다", "감사합니다" 같은 긍정적인 말만을 하였고, 또 하나의 유리병에는 "짜증나", "미워", "맛없게 생겼다", "재수 없네" 등등 부정적인 말을 했다. 보름 후 그 결과는 어땠을까? 첫 번째 긍정적인 말만을 해준 유리병 속의 밥은 냄새가 좋은 누룩이 피었는데, 부정적인 말만 한 두 번째 유리병 속의 밥은 부패한 냄새가 고약하고, 시커멓게 곰팡이가 낀 상태로 나타났다.

음식도 이와 같이 긍정적인 말과 부정적인 말에 민감하게 반응하는데, 하물며 자라나는 아이들은 어떨까. 꼭 과학적 근거를 따지지 않더라도 아이들에게 말을 할 때 정말 신중해야 하며 항상 긍정적인 말, 위로하는 말, 칭찬하는 말, 격려하는 말, 희망을 얘기하는 말을 해야 하는 것은 너무나 당연한 일이다. 말에 이러한 위력이 숨겨져 있다는 것에 놀라지 않을 수가 없다. 그래서 긍정적인 말들은 생명으로 이르는 말이라 하고 부정적인 말들은 죽음으로 이르는 말이라 한다.

우리 속담에 "말이 씨가 된다"는 말이 있다. 그 뜻은 자꾸 말을 하다 보면 그렇게 된다는 것이다. 우리가 긍정적인 말을 하고 긍정적인 생각을 많이 하게 되면, 그것이 씨가 되어 그렇게 된다. 결국 세상은 마음 먹는 대로 된다는 이야기다. 문득 앙드레 말로의 말이 떠오른다. "오랫동안 꿈을 그리는 사람은 마침내 그 꿈을 닮아 간다." 너무도 아름다운 말이지 않은가.

"비관론자는 모든 기회 속에서 어려움을 찾아내고, 낙관론자는 모든 어려움 속에서 기회를 찾아낸다."

윈스턴 처칠

여러분은 자녀들이 낙관적인 마음과 비관적인 마음 중 어떤 마음을 갖고 살기를 바라는가?

교사의 역할은 아이들에게 지식을 전달하는 것이 아니고 사랑과 관심으로 보살핌으로써 아이들이 희망을 가지고 스스로의 삶을 개척해나갈 수 있는 힘을 키워주는 것이다.

이것을 우리는 '생명을 살리는 교육'이라고 명명하였다. 즉, 생명을 살리는 교육이란 선생님이 긍정적인 마음과 생각으로 아이들이 미래의 꿈을 잃지 않고 계속해서 꿈을 향해 도전할 수 있도록 도와주고 아이들이 선생님으로부터 친절한 말, 예쁘고 아름다운 말, 상대방을 존중하는 말들을 들으며 자랄 때 자신들이 이 세상에서 매우 소중한 생명이라는 것을 알게 되는 것이며, 이러한 분위기 속에서 자존감이 생성되는 교육이다.

아이들을 격려해주고 믿어주며 기다려주는 것이 무엇보다 중요하다. 믿어주고 기다려주면 아이들은 스스로 판단하여 바른 길로 돌아오게 되어 있다.

교사들이 생명을 살리는 교육을 한다는 것은 생명을 존중하고, 거짓 없는 정직한 마음과 진정성을 보여주는 것이다. 그래서 교사는 청소년들에게 생각 없이 말하거나 타인과 비교하는 말이나 부정적인 말은 결코 해서는 안 된다. 항상 생명으로 이르는 말, 긍정적인 말, 사랑의 말, 희망과 격려를 해주는 말이어야 한다. 그 말들이 아이들 마음에 위로가 되고 희망이 되고 꿈의 씨앗이 되어 커다란 나무로 자라기 때문이다.

"그러므로 무엇이든지 남에게 대접을 받고자 하는 대로 너희도 남을 대접하라."

마태복음 7:9~12

생명을 살리는 교육에는 정직함, 진실함이 바탕에 깔려 있으며, 나아가 바른 자세 훈련이 포함되어 있다. 아무리 좋은 환경에서 훌륭한 꿈을 키워도 건강하지 못하다면 꽃을 피울 수가 없는 것처럼 자라나는 아이들에게 바른 자세를 갖게 하는 것은 매우 중요하다.

바른 자세는 성장 발육을 촉진시켜줄 뿐만 아니라 지구력을 높이고 질병을 예방하며 사람을 매력적으로 만들어주기도 한다. 그래서 좋은 자세습관을 갖게 해야 한다. 바른 자세의 첫 번째로 가장 중요한 것은 밝게 웃는 얼굴이다. 긍정적인 마음과 생각으로 나와 이웃을 존중하고 사랑하는 것을 가르치는 교육은 교사들이 그것을 생활 속에서 몸으로 보여줄 때 가능하다. 그러한 교육을 통해 아이들은 올바르고 긍정적인 생각습관을 갖게 되는 것이다. 이것이 바로 '생명을 살리는 교육'이다.

좋은 고등학교란 어떤 학교인가? 지금 우리 사회는 좋은 고등학교를 평가할 때 서울 대학교에 몇 명 입학시켰는가가 유일한 척도인 것처럼 되어버렸다. 그 결과 우리는 진정한 교육은 잊어버리고, 입시 기술만 가르치고 있는 상황이다.

학부모들과 선생님들이 입시에 붙들려 있으면 아이들은 불행해질 수밖에 없고, 그것을 바꾸지 않는 한 교육의 미래는 없다. 변화된 사회는 학교가 지식을 전달하기 이전에 건강한 체력과 훌륭한 인성, 창의적 능력을 가진 인재들을 양성하라고 요구하고 있다. 그러나 그 요구에 부응하지 못하고 있는 것이 현실이며, 이는 교육이 제 기능을 못하고 있다는 증거이다.

기업체 인사 담당들에게 요즘 어떤 기준을 가지고 사람을 뽑는가 물었을 때 두 가지라고 했다. 첫째 성실성이고, 둘째는 열정이다. 지식이 아니고 모두 인성에 관한 것이었다.

많은 학교에서 인성교육은 좋은데 그런 교육을 할 시간이 없다고 하고, 나아가 인성교육은 입시에 지장을 주는 것처럼 인식하고 있다. 교실에서 배우는 인성교육은 이미 초등학교 시절에 다 배웠다.

인성교육은 교실에서 가르치는 것이 아니고 학교생활 속에서 선생님이 마음과 행동으로 보여줌으로써 자연스럽게 터득되는 것이다. 이런 인성교육은 실제로는 학습에 더 큰 도움을 준다. 몸으로 전달되는 인성교육만이 감동을 줄 수 있으며 효과가 있는 것이다. 이제 교사들은 입시를 떠나 교육의 본질을 직시하고 지식을 전달하는 교육이 아닌 '생명을 살리는 교육'을 몸으로 보여주며 실천해야 한다.

이율곡 선생은 《격몽요결》이란 책에서 "학문을 한다는 것은 인간의 도리를 잘하기 위해 하는 것"이라 했고, 따라서 인간의 도리를 잘하는 사람은 이미 학문을 다 깨우친 사람이라고 했다. 교육은 말로 하는 것이 아니고 삶으로 보여주는 것이다.

교육이 말로 하는 것이라면 누구든지 교육을 할 수 있을 것이고 얼마나 쉽겠는가. 자식에게 말로 하면 다 알아 듣는가? 인간은 말로 하면 다 알아듣는 그런 동물이 아니다. 복잡한 마음의 구조와 그가 처해 있는 환경, 그리고 논리적으로 설명할 수 없는 다양한 감성을 지닌 생명체인 것이다.

말로 해서 안 듣는 학생들이 많은 것은 그동안 교사들이 아이들의 신뢰를 얻지 못했기 때문이다. 교육은 머리나 지식으로 하는 것이 아니고 가슴이나 마음으로 하는 것으로 상대의 마음을 움직이는 감동이 있어야 효과가 나타난다. 감동을 주려면 정직과 진실함으로 아이들에게 신뢰를 주어 아이들이 마음에서부터 따르고 싶게 해야 한다. 아이들은 마음이 생길 때 비로소 말을 듣는다. 말을 안 듣는다고 짜증을 내는 교사가 있다면 교육을 이해하지 못한 것이다. 아이들의 돌출 행동의 원인을 찾아 치유하지 못한다면 교사로서의 자질이 부족한 것이다.

아이들의 생명을 살릴 수 있는 교육의 중요한 키워드를 정리해 보았다. 이 키워드를 우리 아이들을 위해 몸으로 실천해보는 건 어떨까.

'생명을 살리는 교육'의 주요 용어

1 사랑
2 자존감

3　생명존중

4　희망, 소망

5　긍정('나는 할 수 있다'는 믿음)

6　격려

7　상담

8　꿈

9　믿음, 신뢰

10　감사

11　배려

12　용서

13　협동

14　의사 소통

15　나눔, 봉사

16　열정

17　자율성

18　창의성

19　책임감

20　진정성(정성과 정직)

21　인격

22　좋은 습관

23　바른 자세

교육은 몸으로 보여주는 것

과거 화제가 되었던 〈우리 아이가 달라졌어요〉라는 TV 프로그램을 인상 깊게 본 적이 있다. 화가 나면 상대가 어른이든 아이이든 상관없이 무차별하게 폭행하고 욕을 하던 다섯 살 여아가 전문가의 솔루션에 따라 예절 바르게 행동하는 등 말도 안 되게 막무가내였던 아이들이 선생님이 등장하고 보름쯤 지나면 기적적으로 바뀌어가는 것을 확인할 수 있었다.

과연 무엇을 바꿨기에 아이들이 180도로 변한 것일까? 사실 아이를 바꾼 것이 아니고 부모를 바꾼 것이다. 부모가 문제였던 것이다. 아이들은 하얀 도화지나 마찬가지이다. 그래서 부모나 선생님이 어떻게 대하느냐에 따라 그대로 변하게 된다.

우리는 교육을 무심코 말로 하는 것처럼 인식하고 행동해왔다. 하지만 교육이 말로 하는 것이라면 그렇게 쉬운 것을 못할 사람이 누가 있겠는가. 나는 '교육은 말로 하는 것이 아니고 몸으로 보여주는 것'이라 생각한다.

아이들은 어른들의 말을 듣는 것이 아니고 어른들의 행동을 보고 배운다. 그래서 학교에서 교사가 어떻게 말하고 행동하는가에 따라 영향을 받는다. 선생님들이 아이들을 어른처럼 존중해주고 사랑해주면 아이들이 순화되고, 정직과 진정성을 몸으로 보여주면 아이들은 정직해진다. 그런 학교 문화를 교사들이 만들면 아이들은 그대로 닮아간다.

일부 교육감들은 학생의 인권을 법으로 보장하려고 애쓴다. 학생 인권을 법으로 보장하는 것 자체에 문제가 있다는 것이 아니다. 하지만 스승과 제자 사이의 관계는 법으로 끝나는 문제가 아니다. 법을 지켰다고 학생 인권이 다 보장되는 것도 아니다. 교육의 중요 핵심에서 벗어난 얘기라는 것이다.

교사가 제자의 인권법을 지켰다고 올바른 스승일까? 스승과 제자 사이에 사랑과 신뢰가 없이 법적인 것만 있다면 교육의 효과는 이미 물 건너간 것이다. 사랑과 신뢰가 사라진 교육은 이미 그 효력을 상실한 것이다. 학생의 인권을 법을 통해 지켰더라도 선생님이 아이들에게 사랑을 주지 못한다면 더 큰 인권 침해를 했다고 볼 수 있다.

사랑도 법으로 제정할 수 있겠는가? 아이들은 지식을 먹고 자라는 것이 아니라 사랑을 먹고 자란다. 그러므로 아이들을 잘 인도하려면 교사들이 말이 아닌 몸으로 아이들을 존중해주고 사랑하는 것을 보여줘야 한다. 그것은 교사의 최소한의 의무이다.

그러므로 교육을 제대로 하려면 교육당국에서 교사 임용시험을 학력평가로만 할 것이 아니라 인성평가도 병행해서 해야 한다. 인간을 이해하고 올바른 인성을 가진 교사들이 학교로 나가야 교육을 바로 세울 수 있는 것이다.

　교사끼리도 서로 존중하고 협력하며 토론하고 격려하는 학교 분위기를 만들어가야 한다. 그것을 아이들에게 보여주는 것이다. 서로 갈등하고 시기하며, 질투하고 반목하는 분위기는 사라지고, 상호 존중해주고, 협동하는 마음과 사랑하는 마음, 감사하는 마음이 가득한 분위기를 선생님들이 학교생활에서 실천하면 자연히 아이들도 그것을 보고 행복해지고 긍정적으로 변해간다. 그것이 추구해야 할 아름다운 학교문화이며 교사들의 역할이다. 학교에 어려운 일이 생기면 서로 도와주고 위로하고 격려하는 문화는 바로 사랑이며 나눔이다. 스승과 제자 사이에는 이러한 부모와 자식 같은 인간관계가 이루어져야 한다.

　우리가 원하는 학교란 이런 학교가 아닐까? 예수님은 우리가 죄를 지을 때 우리를 정죄하기 위해 오신 것이 아니라 우리가 어려울 때 용기와 희망을 주시고 우리를 수렁에서 건져주기 위해 오셨다. 우리 선생님들도 이와 같은 마음으로 아이들을 대한다면 교육은 아름다운 꽃을 피울 수 있을 것이다.

　너무 단순하고 쉬운 것처럼 보이지만 그렇게 만만한 일은 아니다. 긍정적인 생각과 습관, 사랑의 교육철학을 교사들이 학교에서 몸으로 보여주면 되는 것이지만 그것이 결코 쉽지 않다.

　선생님 마음에 '교육은 사랑이다'라는 신념이 있어야 가능하다.

입시에 매달린 교육은 처음부터 끝까지 '공부는 경쟁하는 것'이라고 가르쳐왔고, 마치 공부만 잘하면 모든 경쟁에서 이길 수 있는 것처럼 말한다. 그러나 세상은 그런 논리로만 돌아가지 않는다. 그런 이기적인 마음은 인간의 마음을 파괴시키고 외롭게 만들며 조직의 힘을 분열시킨다. 때로는 적과도 손을 잡고 협력해야 생존할 수 있다. 이웃은 시기나 경쟁의 대상이 아니며 서로 협력하고 사랑을 나누어야 할 대상이다. 학교문화가 그렇게 형성되면 교육은 바로 서고 그것이 인간을 성공으로 이끄는 것이다.

교육은 생각하는 능력을 키우는 것인데, 그것은 서로 돕고 협력할 때 시너지 효과를 내며 서로의 아이디어와 생각이 만나 융합할 때 창의성이 탄생하기 때문이다. 그러므로 공부는 지식을 서로 공유하고 협력할 때 그 빛을 발한다. 학교에서 교사들이 서로 긍정적인 마음으로 서로를 존중하고, 토론하며 협력하고 사랑을 나누는 모습을 몸으로 보여줄 때 아이들은 그것을 보고 배운다.

나는 그것을 '생명을 살리는 교육'이라고 명명했다. 우리 교육은 그 길로 가야 한다. 우리 선생님들과 아이들의 삶을 그렇게 만들어야 한다. 학교에서 그런 문화를 실천해나갈 때 교육은 저절로 긍정적으로 바뀔 것이며 바른 길로 들어설 것이다. 그것은 돈이 들거나 어려운 일은 아니고 선생님들이 사랑, 믿음, 소망을 행동으로 실천해나간다면 가능한 일이다. 이런 풍토가 만들어지면 오히려 우리 마음은 더 풍성해지며 여유로워질 것이다. 아이들이 그런 선생님들 사이에서 잘못 배울 일이 있을까?

학교는 선생님이 혼자 교육을 하는 곳이 아니다. 함께 올바른 가치관을 말이 아닌 몸으로 실천하는 모습을 보여주면 학교문화가 바뀌고 아이들이 훌륭하게 변한다.

이렇게 교사들이 좋은 학교문화를 몸으로 만들어나간다면 학교는 행복해질 것이다.

행복해진 학교에서는 사랑의 기적이 일어날 것이다.

대신중고등학교, 변화를 시작하다

2010년 대신학원에 이사장으로 부임하고 나서 다른 학교들은 교육을 어떻게 하고 있는지 배우기 위해 몇 개월 동안 명문 학교로 견학을 다녔다. 이사장들과 교장들을 만나 학교 운영과 교육에 대한 대화를 나누었다. 명문 학교를 돌아다니다 보니 다양한 모습을 볼 수는 있었으나 내가 보고 싶었던 교육의 참모습을 발견하기는 어려웠다. 대부분이 명문 대학에 보내기 위한 입시 준비에만 매달려 있는 모습이었으며 참교육은 볼 수 없었다. 많은 학교들이 입시 준비가 교육인 줄 알고 있었다. 학부모들 역시 마찬가지였다.

이사장으로서 교육의 본질과 학교의 역할에 대해 깊이 생각해보았다. 학교는 즐겁고 행복해야 한다. 그래야 학생들이 학교에서 꿈을 키울 수 있지 않겠는가. 또한 세계화 시대에 우물 안 개구리가 되지 말아야겠다는 생각과 함께 시야를 넓혀주어야 우리 아이들이 세계를 무대로 생각하고 멀리 헤엄쳐 나갈 수 있으리라 생각했다.

마지막으로는 기독교학교로서 영적으로 그리스도의 사랑과 섬김의 정신을 가치관으로 갖고 살도록 하고, 이 어지러운 시대에 아이들이 '자신의 사명'을 찾을 수 있도록 도와주고 세상의 등불이 되도록 하는 것이 나의 사명으로 다가왔다.

학교는 학생들이 배우고 싶은 것은 다 배울 수 있어야 하고, 학업 성적이 꼴찌를 하는 학생도 행복해야 한다는 것이 나의 학교에 대한 생각이다. 또한 학교는 최첨단으로 앞서가는 곳이어야 하고, 도덕적으로 문제가 없다면 어떠한 생각도 용인되는 창의적인 곳이어야 한다.

우리나라의 교육기관들은 말로는 다 창의적인 인재를 양성한다고 하지만, 실제로는 거의 모든 교육기관들이 그런 창의성을 허락하지 않는다. 시대는 빠르게 변하는데 오히려 과거의 전통적인 교육 방식을 너무도 집요하게 고집하고 있다.

학교는 아이들이 사회에 나가기 전에 모든 것을 연습하는 곳이어야 한다. 내가 본 대전 대신고등학교는 다른 학교들과 마찬가지로 입시 위주의 교육을 하는 평범한 고등학교였다. 입시를 중시하는 학교이다 보니, 1학년에만 체육시간이 있고 2,3학년은 입시 때문에 체육시간이 없다고 했다. 어른들도 운동을 안 하면 자꾸 몸이 약해지고 병이 생기는데 한참 혈기 왕성한 아이들에게 그나마 약간의 운동을 할 수 있는 체육시간도 없애고 공부를 시킨다는 것은 이해가 되질 않았다.

운동은 그냥 육체적인 건강만을 위한 것이 아니라 스트레스도 풀어주고 정신도 맑게 해주는 기막힌 보약과 같은 존재인데 말이다. 그렇게 운동도 안 시키고 공부만 시키면 학습능률이 제대로 오를까? 아무리 생각해도 정말 청소년들을 이해하지 못하고 인간의 속성을 무시한 채 진행되고 있는 어리석기 짝이 없는 교육이란 생각이 들었다.

전인교육이란 말은 체덕지體德智로 교육을 하는 것인데 우리는 거꾸로 지덕체 순으로 가르치고 있었다. 체력을 가꾸는 것은 체력은 물론 정신력을 키우는 것이다.

우리나라에선 다른 것은 다 못해도 공부만 잘하면 된다고 생각하는 경향이 있지만, 선진국에선 그렇지 않다. 영미 국가에는 Gig, Bookworm, Aled 같은 공부만 잘하고 운동을 못하는 학생을 놀리는 단어가 있다. 공부를 못하더라도 운동 잘하는 학생들이 인기가 있으며 공부는 잘하면서도 운동을 못하면 오히려 놀림을 받기 일쑤다. 그렇듯 선진국에서는 청소년 시절의 운동을 매우 중요하게 여기고 있다.

그래서 대전 대신중고등학교에서는 2,3학년 체육시간을 다시 부활시키고 방과후 학습시간에도 체육을 넣어서 일주일에 6시간은 운동을 하게 했다. 그 유명한 영국 이튼스쿨의 일주일 체육 의무 교육 시간은 15시간이라고 한다. 대신학교에는 천연잔디 운동장과 일반 운동장이 각각 있고 실내체육관, 실내사격장, 탁구장, 체련장 등이 있으나 학생수에 비해 체육시설이 절대 부족하여 체육시설 확충 보완공사를 했다.

비가 오면 질퍽거려 한동안 운동을 할 수 없었던 농구장, 배구장, 핸드볼장의 흙바닥을 우레탄 마감으로 바꾸어 비만 그치면 바로 운동을 할 수 있도록 만들었다. 검도부를 창설했으며 유도장을 만들었다. 아이들이 자유롭고 역동적으로 뛸 수 있는 트램폴린장을 만들고 국제 규격에 맞게 테니스장 보완공사도 했다. 향후 도전정신을 키우는 익스트림스포츠를 할 수 있는 스케이트보드장, 암벽타기장도 만들 계획이다.

또한 대신 고등학교에는 학생 수가 1500여 명 이나 되는데, 7년 전만 하더라도 교내에 휴식공간이라곤 찾을 수가 없었다. 매점에서 빵을 하나 사더라도 차분히 앉아서 먹을 공간이 없어 아이들이 복도나 운동장에 나가 서서 먹는 것을 보고 학교 시설이 교도소 시설만큼도 못되는구나 하는 생각에 한숨이 나왔다.

그래서 2012년에는 30억을 들여 40개 교실을 증축했고, 1층 전체를 휴게공간으로 만들고 200여 석 규모의 휴게실에 그랜드피아노와 드럼 세트를 설치해 휴식시간에 자유로이 음악도 즐길 수 있도록 하였다. 딱딱하던 교정에 낭만적인 분위기가 조금은 느껴졌다. 요즘 새로 짓는 학교들은 좀 다르겠지만 기존의 중고등학교들은 대부분 이런 낭만적인 공간이 거의 없다. 이렇게 삭막한 공간에서 아이들의 정서를 함양시키고 창의성을 키운다는 것이 얼마나 어려운 일인가 새삼 느꼈다.

또한 학교에서 이루어지는 모든 행사는 학생들에 의해 진행되도록 했다. 중고등학교 생활은 사회에 나가 올바로 활동할 수 있도록 연습하는 곳이다. 그런 연습이 자율적으로 진행될 때 그것이 바로 자율성교육이라고 생각했다.

20여 년 전에는 대신고에 관악부가 있었는데 연주를 아주 잘해서 전국 관악 콩쿠르에 나가 6연패도 했던 역사를 가지고 있었지만 이제는 사라지고 없었다. 그래서 2012년에 사비를 털어 고교 관악부를 다시 만들었다. 그리고 2014년도엔 중학교 관악부까지 만들고 나니 학교가 얼마나 활기차졌는지 살아 숨쉬는 것처럼 보였다.

관악부에 대한 학부모들의 인식이 부족하여 처음엔 학생 모집에 어려움이 있었으나 나중에는 학부모들로부터 자기 아들을 관악부에 넣어달라고 부탁을 받기에 이르는 행복한 고민에 빠졌다. 악기가 부족하여 더 받을 수가 없다고 하자 개인 악기를 사 가지고 들어오기도 했다. 계속 인원수가 늘어나면 관현악 오케스트라를 별도로 만들어야 할지도 모르겠다.

아이들이 음악을 공연하고 발표도 할 수 있는 곳이 여러 곳 있었으면 좋겠다고 여겼는데 드디어 2016년 가을 잔디구장 옆에 야외 음악당을 만들었다. 야외 음악당은 음악만 하는 곳이 아니고 토론하고 발표하는 곳으로도 이용하라는 의미에서 "아고라 음악당"이라고 이름을 지었다. 아이들이 마음껏 음악도 하고 발표도 하는 장소로 활용했으면 좋겠다.

또한, 인성과 정서를 회복하는 데 도움을 주는 식물을 키우는 온실도 있으면 얼마나 좋을까. 생각은 하고 있으나 아직까지 만들지 못했다.

내가 이사장에 부임한 지 벌써 10년째에 접어들었다. 변화하지 않으려는 고정관념이 뇌리에 뿌리 깊게 박혀 있는 교사들의 생각을 글로벌 마인드로 넓힐 수는 없을까 고민을 계속하고 있고 아직도 개혁해야 할 분야가 많이 남아 있지만 이제는 선생님들의 교육에 대한 인식이 조금씩 바뀌고, 넓어지고 있다는 것을 피부로 느낄 수 있다.

앞으로는 교사들의 의식이 세계를 향해 더 넓게 펼쳐지도록 교내 교육토론회를 많이 할 수 있는 환경을 만들어야겠다고 생각한다.

학교 시설을 만들고 관리하는 마음

선진국의 중고등학교들을 가보면 교정이 아름답고 시설도 훌륭한 학교가 많다. 우리의 교육 현실과 비교해보면 너무 대조적이다. 우리는 왜 이렇게 수용소 같이 형편 없는 닭장 속에 아이들을 몰아 넣고 교육을 하고 있는지, 너무나 속이 상한다.

우리가 아직 완전한 선진국 대열에 들어가지 못해서 그런지 모르겠지만, 너무 저급한 시설과 환경에서 좋은 교육을 기대하고 있는 것은 아닐까. 우리의 형편에서 하루 아침에 학교시설이 개선되기를 기대하는 것은 무리라 해도 나름대로 주어진 상황에서 최선을 찾아야 하는 것이 당면한 과제다.

작은 공간이라도 정서 함양에 도움을 줄 수 있는 공간을 만들자.

비록 좁은 공간의 학교일지라도 학생들이 꿈을 꾸며 행복할 수 있는 곳으로 만들어야 한다. 그래야 아이들이 마음의 여유를 가지고 생각하고 꿈을 꾸는 데 다소나마 도움을 줄 수 있지 않겠는가.

삭막한 환경에서 아이들에게 꿈을 꾸고 창의성을 기르라고 하는 것은 도무지 앞뒤가 맞지 않는다. 또한 자연을 체험할 수 있는 시설과 환경, 즉 자연환경을 만들어야 한다. 면적이 좁으면 조그만 화단이나 텃밭을 만들고 그래도 부족하면 옥상에라도 텃밭을 만들어 자연 생물이 자라나는 것을 체험하게 해야 한다. 일부 학교에서는 이미 시도하고 있기도 하지만 아직 소수에 불과한 듯하다.

요즘은 많은 사람들이 아파트에서 살다 보니 자연을 접할 기회가 적어 정서적으로 매우 메말라 있다. 청소년 교도소에서 아이들을 교화시키는 데 가장 도움이 되는 것이 식물을 키우는 것이라고 한다. 자연의 식물을 키우면서 경이로운 새 생명의 탄생을 경험하고 그 속에서 생명의 소중함을 알게 되어, 상처투성이였던 아이들의 마음이 치유되고 인성이 회복된다는 것이다. 생명의 신비와 귀중함을 경험하게 해주는 자연은 우리의 마음을 치유해주고 여유와 넉넉함을 준다.

또 체덕지體德知 순서로 전인교육을 시키려면 가능한 운동시설을 많이 만들어 학생들이 운동습관을 갖도록 해야 한다.

청결하고 아름다운 학교를 만들려고 노력해야 한다.

학교는 학생들의 생활공간으로 낡은 시설이라도 편안하고 청결하게 유지해야 하며, 아이들에게 청소하는 방법을 가르쳐 아이들 자신들에 의해 체계적으로 청결 관리가 되도록 지도해야 한다. 그것은 공공시설에 대한 의무와 민주질서의식을 배우게 하는 것이다.

될 수 있으면 다양한 예술과 음악 활동을 할 수 있는 공간을 만들었으면 한다.

일부 학부모나 교사들은 예체능 시설을 많이 만들면 공부하는 데 지장이 있지 않느냐고 걱정하기도 하지만 사실은 공부에 더 도움이 된다. 정서적으로 여유를 갖게 되면 스트레스도 풀리고 피로회복도 되어 오히려 학습에 더 몰입할 수 있다. 이렇게 집중력이 향상되면 생각도 자유로워지고 창의력도 증대된다.

과거의 공부는, 얼마나 인내하며 의자에 오래 앉아 있느냐에 달렸다고 했지만 오늘날의 공부는 얼마나 즐기느냐에 달려 있다. 공부도 인내하는 사람이 즐기는 사람을 못 이긴다. 창의성도 즐겁지 않은 곳에선 절대로 나오지 않는다.

결국 학교는 자유롭고 즐거워야 한다.

학교에 종사하는 사람들이 학교는 자유롭고 즐거워야 한다는 것을 잊으면 결코 좋은 학교를 만들 수 없다. 학교란 아이들을 가두어 놓고 주입식 교육을 시키는 곳이 아니라 아이들이 꿈을 꾸게 하며, 자유롭게 생각하고, 운동하며, 자신의 꿈을 위해 마음껏 자신을 연마할 수 있는 그런 곳이어야 한다.

그런 의미에서 학교가 아이들의 마음을 담을 수 있는 곳이 될 수 있도록 지금도 부족한 시설을 조금씩이라도 개선해보려고 노력하고 있다. 그런데 우리의 교육당국은 사립학교에 겨우 연명하는 수준의 시설 관리비를 주면서도 부조리가 생길까 봐 학부모의 기부나 모금은 못하게 금지하고 있다. "구더기 무서워서 장 못 담그랴"는 말이 있듯이 우리나라의 교육정책 당국자들이 글로벌하게 선진국 학교의 운영사례를 많이 보고 배우길 기대하고, 그래서 그들이 교육에 대한 생각을 좀 더 넓게 바꿀 수 있기를 기대해본다.

교사의
조건

교사와 학원 강사의 차이

일부 교사들이 지식을 족집게처럼 잘 가르친다는 학원 강사처럼 되려고 노력하는 모습을 볼 때가 있다. 그러나 아무리 애를 써도 절대로 학원 선생님들을 못 따라간다. 왜냐하면 학원 선생님들은 인기가 없으면 그대로 퇴출되기 때문에 목숨 걸고 눈에 불을 켜고 수업 연구를 하며, 반대급부(보수)도 일반 학교 교사와는 비교가 안 된다. 비교가 안 되는 이유는 학교 교사는 절대 퇴직당할 염려가 없는 온실 속에 있고, 학원 강사는 한순간도 긴장을 늦출 수 없는 생존경쟁이 치열한 전쟁터와 같은 곳에 있기 때문이다. 그러다 보니 비교 자체가 불가능하다.

그러나 족집게 학원 강사는 교육자가 아니다. 시험을 잘 치르도록 테크닉을 가르쳐주는 사람이다. 반대로 학교의 교사는 시험 보는 테크닉을 가르치는 것이 아니라 꿈을 키워주는 사람이다. 따라서 학원 선생님처럼 족집게 선생은 못 되더라도 아이들에게 얼마든지 더 크게 좋은 영향을 미칠 수 있으며, 주된 역할 또한 아이들에게 시험이 아니라 세상 살아가는 법을 가르치는 것이다.

학교의 교사들은 단순히 지식을 전달하는 것이 아니라 왜 공부를 해야 하는지를 깨닫게 하는 사람이다. 그리고 아이들이 무엇을 고민하고 있는지 귀 기울여 경청해주고, 위로하고 격려하며, 그들을 존중해주고, 자신의 꿈이 무엇인지 생각하게 한다.

그리고 바른 자세가 삶과 어떤 관계가 있고, 운동은 왜 필요한지, 자율성을 어떻게 키워주는지, 불굴의 정신은 무엇인지, 인격이란 것이 삶에서 어떤 영향을 미치는지 등 아이들의 인생에 좋은 영향을 줄 교육적 내용들이 너무나도 많기 때문에 절대 따라가지도 못할 학원 선생의 흉내를 낼 필요가 없다.

아이들에게 단순히 지식을 전달하는 것이 아니라, 공부는 생각능력을 키우는 것이라는 것을 깨닫게 하고, 자기의 꿈과 삶의 목표를 세우게 돕는 것이다. 꿈이 있고 목표가 있는 아이들에게는 이미 동기부여가 되어 있기 때문에 교육 환경만 잘 만들어주면 저희들이 스스로 알아서 공부를 한다. 그래서 교육의 주체가 교사가 아니고 아이들이 되게 함으로써 교사는 마중물이 되는 것이다.

그렇게 학교의 교사가 감당해야 할 귀한 역할이 있는데도 기존의 교사들은 본연의 역할은 잘 모르고, 학원 선생님처럼 지식 전달에만 목을 매고 있었기 때문에 교육기관인 학교에서 교육이 사라졌다고 하는 것이다.

그리고 요즘은 학원 선생님들이 더 인성교육에 힘쓴다는 소리도 들린다. 꿈과 삶의 목표를 찾게 만들고 어떤 정신을 가지고 삶을 살아가야 하느냐 하는 가치관에 대한 교육은 단순히 수업시간에 교육한다고 되는 것이 아니다. 그러한 교육은 선생님의 자세나 태도를 통해 몸으로 체득되고 교육되는 것이기 때문에 선생님이 몸으로 보여줘야 한다.

결국 참교육이란 감동과 깨달음을 주는 것이며, 그것을 몸으로 삶으로 보여줄 수 있는 교사가 진정한 스승인 것이다.

나라의 미래는 교사가 만든다

철이 없었던 고교시절, 모든 선생님들이 다 그렇지는 않았지만, 고루한 분위기의 선생님들이 매우 답답하게 느껴져서 나는 장래에 교사는 절대로 하지 않겠다는 생각을 했었다.

세월이 흘러 대신학원의 이사장이 되고 보니 교사란 직업이 얼마나 소중하고 중요한 직업인지 새삼 깨닫게 되었다. 그러나 정작 교사들은 스스로 교사란 직업에 대한 자부심과 철학, 사명감 등이 없어 보였다. 오히려 일반 직장인들에 비해 당당하지 못하고 주눅 들어 있었으며 교육에 대한 이해와 열정도 부족해 보였다.

미래에 이 나라를 이끌고 갈 동량들에게 꿈과 희망을 갖게 하고 희망찬 나라를 만들고 세계를 이끌어갈 리더들을 키우는 교사라는 직업만큼 소중한 것이 또 있을까?

교사란 직업을 가지고 있는 사람들은 과연 누구인가? 교사는 상품을 생산하는 사람도 아니고 나라를 경영하는 사람도 아니다. 그럼 교사는 대학 입시를 위해 지식을 전달하는 사람인가? 국민들은 그것도 부실해서 못 믿겠다고, 학교 밖에서 과외가 성행하고 있지 않은가?

국민 모두가 자기의 역할을 분명하게 알고 각자의 자리에서 그 일을 성실하게 수행해나간다면 분명 나라는 건강하게 발전할 것이다. 우리 교사들은 과연 우리 사회에서 자기의 역할을 충분히 감당하고 있는 것인가? 대한민국 대부분의 교사들이 교사의 직분을 열심히 수행하고 있음은 틀림없는 사실이다. 다만, 그 역할을 올바로 알고 있느냐가 문제다. 역할에 대한 이해의 방향이 틀렸다면 헛걸음을 하고 있는 것이다. 교사들은 학원 선생님이 아니다.

교사는 지식을 전달하는 사람이 아니고 '나라의 미래를 만들어 가는 사람'이라고 생각한다. 왜냐하면 20년 후에는 제자들이 나라의 주역이 되기 때문이다. 교사들이 아이들을 희망과 꿈을 가지고 건강하고 자유롭고 품위 있게, 그리고 긍정적이며 창의력 있는 사람들로 만든다면 나라도 그렇게 건강하고 품위 있게 변할 것이다. 그렇기 때문에 교사는 나라의 미래를 만드는 사람인 것이다.

처음 교사로 입명을 받았을 때 그들의 마음 속에는 이런 사명감들이 있었을 것이다. 그러나 왜곡된 사회 환경과 많은 좌절들을 겪으면서 그 사명감은 마음 속 깊은 곳에 묻혀버리고 말았다. 그리고 그것을 잊은 채 살아가고 있는 것처럼 보인다. 교사는 만들어진 틀 속에 갇혀 있는 것이 아니라 고정관념을 깨고 새로운 틀을 만드는 선구자가 되어야 한다.

이제 먼지가 수북이 쌓인 깊은 곳에 갇혀 있는 그 사명감을 다시 꺼내 바로 세워야 한다. 그리고 작게나마 불을 지피기 시작해야 한다. 그것은 나라의 미래를 지켜내는 일이니 그 얼마나 귀한 직업인가.

교사들은 자신들이 매우 중요한 일을 하고 있다는 자부심을 가져도 좋다. 아이들의 꿈을 키우며 영감을 주는 사람이기 때문이다. 교육은 20년 후 30년 후 나라의 미래를 만드는 것이며 미래를 바꾸는 일이다. 미래를 창조해나갈 인재들을 키워냄으로써 말이다. 인간 영혼을 구원의 길로 인도하는 목사나 신부만큼이나 귀한 직업이 교사인 것이다. 교사로 일하는 여러분들은 이 세상에 태어나 자기 삶의 목표에 대한 도전도 없이 파도에 쓸려가는 백사장의 모래처럼 아무 의미 없이 사라져 가는 삶을 살고 싶지는 않을 것이다.

여러분들이 처음 교사로 발령을 받고 학교에 왔을 때 그 뜨거웠던 사명감과 교육에 대한 열정은 어디로 갔는가? 지금 여러분에게 그런 사명감과 의욕이 사라졌다면 여러분은 교사로서 반은 죽은 것이다. 교사가 죽으면 아이들도 죽을 수밖에 없다. 결국 우리나라의 미래가 죽는 것이다.

이제 여러분의 삶의 목표를 다시 생각해보라. 그리고 무엇이 여러분의 가슴을 뜨겁게 만드는지를 찾아서 다시 그 불씨를 살려라. 여러분들이 그 불씨를 살린다면 충분히 더 나은 세상을 만들 수 있다. 사명감과 열정을 지닌 사람들이 이 세상을 더 빛나게 바꿀 수 있다고 나는 믿는다.

올바른 교육에 대한 꿈을 키우고 목표를 세워 도전하라. 도전은 여러분이 살아 있음을 증명하는 길이며 여러분의 삶을 가치 있게 만드는 일이다. 성공한 사람들의 공통점을 찾아보면 모두 한 번 이상의 실패와 역경을 겪었으며 그런 좌절과 역경에 결코 굴하거나 포기하지 않는 열정을 가지고 이겨낸 사람들이다.

여러분들도 학교에만 갇혀 있지 말고 사회로 나가라. 이 사회의 기업들이 생존을 위해 어떤 목표를 가지고 어떻게 생산과 판매 활동을 하고 있으며 어떤 사람을 필요로 하는지 알기 위해서는 밖으로 나가 기업인들을 만나고 그 사람들과 교류하며 사회 속으로 들어가야 한다. 이 사회에서 창조적 활동을 하는 사람들에게 관심을 가지고 찾아 다니며 배워야 한다. 호랑이를 잡으려면 호랑이 굴에 들어가야 하듯이 말이다. 그래야 아이들을 올바른 방향으로 성장시킬 수 있지 않겠는가.

일반 사회인들은 정보와 인맥을 만들기 위해 뛰어다니며 외부 사람들과 만남과 소통을 많이 하는데 교사 집단은 그런 교류가 적어 보인다. 그래서 시대에 다소 뒤떨어지며 이 사회와 동떨어져 있는 집단처럼 보인다. 교사란 직업이 너무 바빠서일까?

교사가 아이들의 시야를 넓혀주고 많은 분야에 호기심을 갖게 하려면 시대의 흐름을 잘 알아야 하고 글로벌 마인드를 가지고 있어야 한다. 생각과 시야가 좁은 교사들은 아이들의 신뢰를 얻기 어렵기 때문에 아이들은 배우려는 생각을 멈추고 관심 밖으로 밀어낸다. 이럴 때 교육은 무용지물이 된다.

이 시대는 인터넷만 열면 웬만한 지식은 다 나온다. 이제 학습 부분에 있어서는 교사들은 지식 전달에 목을 매면 안 된다. 독서하는 법, 생각하는 법(인문학), 토론하는 법, 말하는 법, 프리젠테이션 하는 법 등을 가르쳐야 한다. 시험을 잘 보는 사람이 아닌 실력이 있는 사람을 만들어야 한다. TED와 유튜브 등 살아 있는 교재를 가지고 공부해야 한다.

그리고 수업 시간에 잠을 자는 아이가 있다는 것은 어쩔 수 없는 현상이 아니고 교사의 교육방법에 문제가 있는 것이라고 생각해야 한다. 질문하고 답변하고 토론을 하면 잘 수가 없다. 이제 교육방법을 획기적이고 창의적으로 바꿔야 한다. 그동안의 방법이 아닌 새롭고 창의적인 방법으로 변화를 시도해보라. 그러기 위해 교육에 대해 열심히 조사하고 더 공부해야 한다.

여러분들이 창의적인 수업을 하지 못하면 아이들에게 창의적인 것을 가르칠 수 없다. 그리고 수업 중에 아이들에게 정답을 가르쳐 주지 말고 무슨 질문을 할 것인지 생각하고 스스로 답을 찾도록 하라. 또한 정답은 경우에 따라 한 개만 있는 것이 아니다. 논리적 접근이 맞으면 다 정답이다. 공부는 생각능력을 키우는 것이기 때문이다. 생각능력은 질문과 토론을 통해 키워지며 발표자의 얘기를 듣고 그 속의 키워드를 찾아 토론하는 것도 좋은 방법이다. 독후감도 단순히 책의 줄거리를 나열하는 것이 아니라 책을 쓴 저자가 무엇을 표현하려는지 키워드를 찾아 논리적으로 서술하는 것이다.

교사는 아이들 가슴에 불을 지펴서 아이들의 호기심과 열정을 이끌어내 상상의 날개를 펼치게 해야 한다. 그리고 아이들의 생각능력을 키워 잠재된 창의력에 발동을 걸게 해야 한다. 그래서 교육은 흥분되는 작업이고 감동이 있는 활동이다.

교사들이여, 기존의 틀을 깨고 세계로 나가라. 거기에 미래가 있다. 그런 사명감과 철학을 가지고 있는 교사는 계속 도전하는 삶을 살므로 어떤 어려움이 있어도 극복할 수 있다. 시대를 이끌고 미래를 만드는 교사가 많아지길 기대해본다.

교사의
임무

창의적 교육프로그램을 개발하라

선진국에서 명문 학교라 함은 시설이 좋은 학교가 아니라 훌륭한 교육프로그램을 많이 갖추고 있는 학교를 말한다. 물론 교육프로그램의 과정을 수행했다고 다 교육이 되는 것은 아니다. 교육 현장에서 교육프로그램이 수행되었을 때 교육효과가 80% 이상 나타나는 것이 과학적으로 입증되어야 진정한 교육프로그램이라 할 수 있다. 선진국에서 명문 학교란, 교육효과가 분명한 교육프로그램을 얼마나 많이 가지고 있느냐에 따라 결정된다.

우리나라에서도 앞으로 학교별로 얼마나 좋은 교육프로그램을 가지고 교육하고 있는지 분석 평가하여 학교의 정부 지원 수준을 결정하여 인센티브를 준다면 학교들은 선의의 경쟁을 통해 더 많은 교육프로그램을 개발하게 될 것이다. 평가는 아이들의 설문을 통해 쉽게 할 수 있다.

또한 교과부는 매년 좋은 교육프로그램을 개발한 교사와 학교에 포상을 하고 수석교사 자격을 주어 격려한다. 그리고 이렇게 교육 현장에서 만들어진 검증된 좋은 교육프로그램들을 각 학교로 전파하여 다른 학교의 좋은 프로그램을 손쉽게 활용할 수 있게 한다면 교육효과는 극대화될 것이다.

교육프로그램이란 전인교육이든, 인성교육이든, 과목별 학습교육이든 간에 교육효과가 분명하게 나타나는 프로그램을 말한다. 그래서 오래된 명문 학교일수록 그런 교육프로그램들이 많은 것이다. 훌륭한 교육프로그램은 하루 아침에 만들어지는 것이 아니고 오랜 세월 동안 보완되고 다듬어서 완성되는 것이다. 완성된 프로그램도 시대에 따라 조금씩 변해갈 수 있다.

영국에서 300년 이상 지속되고 있는 존 로크의 전인교육이 바로 그런 교육프로그램이다. 우리 교사들도 이런 교육프로그램 개발에 관심을 가진다면 우리나라의 교육의 질이 높아지고 훌륭한 학교도 많아질 것이다.

훌륭한 교육프로그램이란 한 번 실시하는 일회성 프로그램이 아니고 매년 반복해서 수행할 수 있는 지속 가능한 프로그램을 말하며, 교장은 새로 들어온 교사들이 그 프로그램을 익혀서 학교의 전통을

유지해 나갈 수 있도록 만들어진 프로그램을 체계적으로 관리하여
전통으로 이어지게 해야 한다. 이렇게 자신의 교육프로그램을 가지
고 매년 진화시켜나가는 학교가 진정한 명문 학교이며, 여기에 교사
들의 땀과 노력이 녹아 있는 것이다.

이런 것들이 교육프로그램이라 할 수 있다.

1 자신의 꿈을 찾는 방법

2 운동 프로그램

3 자세 프로그램(Charming school)

4 인성교육프로그램

5 책 읽기 프로그램

6 말하기와 발표 프로그램

7 쉬운 500단어로 회화를 자유롭게 하기

8 좋은 습관 만들기 프로그램

9 생각습관 프로그램

10 글로벌 매너 프로그램

11 토론 프로그램

12 학습 프로그램

좋은 교육프로그램은 학교의 교육 노하우인 셈이며 우수한 프로
그램은 특허출원도 가능할 것이다. 교과부와 교육청은 학교에서 좋

은 교육프로그램이 만들어지도록 환경을 장려하고, 학교는 창의적 교육프로그램을 개발하는 데 심혈을 기울여야 한다.

자율과 방임을 구분하는 동아리 활동 교육

오늘날 사회 각 분야에서 자율성이 필요하며, 또 중요하다는 얘기가 많이 나온다. 특히 교육 분야에서 그 중요성은 더 크게 대두되고 있다.

요즘 중고등학교에 많은 동아리들이 생겨나고 있는데, 동아리 운영에는 특히 자율성이 강조된다. 동아리를 담당하고 있는 교사들은 동아리의 자율성을 유지하면서도 어떻게 학생들을 인도할까 고민해야 한다. 자율성을 앞세우다 보면 자칫 방임으로 흐르는 경우가 종종 있기 때문이다.

그럼 자율과 방임은 어떤 차이가 있을까? 동아리 클럽은 자율 속에서 활동이 진행되는데 그럼 교사의 역할은 무엇인가? 동아리 활동은 활동하는 그 자체가 즐겁고 창의적인 일이다. 그렇지만 동아리 활동을 통해 무엇을 배울 것인가 생각해야 한다. 그 활동을 하는 정신을 올바로 심어줘야 하고 그 속에 아름다운 인간관계가 형성되게 해야 하며, 창의성이 발현되고 이 사회의 질서가 건설적이며 긍정적으로 유지되도록 해야 한다.

그런 기본 정신을 가지고 활동하도록 하는 것은 매우 중요하며, 그것이 동아리 활동의 교육적 요소이다. 이와 반대로 방임이란 담당 교사가 아무 생각이 없는 경우로, 아이들에게 어떤 가치 기준을 만들어주지 못하고 그저 자유롭게만 활동하게 하는 것이다.

학교 활동이 아무리 자율적이라도 확실한 가이드라인을 주어야 방임으로 흐르지 않는다. 지도교사가 동아리 운영에 대한 가이드라인을 분명하게 제시하지 못하면 교육적 의미가 사라지고 재미 위주로만 흐를 가능성이 있기 때문이다.

그렇다면, 가이드라인이란 무엇인가? 동아리 활동은 아이들의 자율성과 협동심을 키우고 창의력을 증진시키는 역할을 한다. 동아리 활동을 통해 해당 분야의 전문성에 접근해보기도 하고, 단체 활동을 통해 친목을 도모하며 인간 존중과 인간관계를 배우고 새로운 것에 도전하는 적극성과 끈기, 프로정신을 배울 수 있다. 이렇게 동아리 활동 이면에는 공통의 교육 목적이 뚜렷이 있어야 하며 지도 교사들은 이 점을 잘 이해하여 지도해야 한다.

동아리 활동의 목적을 요약해 보면 첫째, 상호 존중의 인간관계와 협동심, 둘째 도전정신과 창의력, 셋째 프로정신, 넷째 목적과 사명의식이 될 수 있다. 동아리 활동은 이런 네 가지를 함양시키는 교육적 목적을 가지는 것이다. 이 점을 교사들이 충분히 인식하여 아이들이 이 네 가지 요소를 염두에 두고 활동하게 한다면 동아리 활동의 교육적 목적을 훌륭히 달성할 수 있다.

모든 동아리 활동은 매년 평가를 해야 한다. 네 가지 동아리 활동의 교육 목적을 기준으로 매년 활동 평가를 해서 잘한 동아리들은 상장을 주고 부족했던 부분은 지도해주어야 한다. 학교는 매년 동아리의 평가 기록들을 축적하여 교육 자료로 사용하고 동아리들이 지속적으로 발전하여 역사를 쌓아나가도록 유도해주어야 한다.

아이들이 동아리 활동을 통해 협동과 인간관계를 배우는 것뿐만 아니라 질서를 배우고 지속 가능한 동아리가 되도록 노력하는 것을 배우는 것이다.

내가 생각하는 동아리 활동 원칙은 다음과 같다.

1 구성원들 간의 인격 존중
2 창의성 _도덕적인 문제가 없는 한 항상 새로운 것을 추구
3 프로정신 _실력이 부족해도 마음과 자세는 프로처럼
4 진정성 _정성을 다하고 최선을 다한다(특히 관중이 있을 땐 더욱)
5 협동, 소통 _일을 도모할 때 협동과 토론문화 정착
6 스토리를 만든다 _21세기는 이야기의 시대이다
7 결과가 안 나오더라도 과정이 중요하다는 의식
8 활동에 대한 요약과 연혁에 대한 기록을 남긴다

동아리 활동이 규칙과 질서가 없이 즐기려고만 하고, 목표 달성

만 하려 한다면 그것은 매우 위험한 활동이 될 수 있다. 그런 경험은 사회에 나와서 더 큰 문제를 일으킬 수 있기 때문이다. 따라서 교사들이 인간관계와 과정을 무시하지 않는 격조 높은 동아리 활동이 되도록 유도해야 한다.

동아리 담당교사들이 이런 기준들이 왜 중요한지 설명해주고, 잊지 않도록 종종 상기시켜주는 것이 매우 중요하다. 그래야 규칙과 질서가 있으면서도 자유로운 동아리 활동이 가능해진다. 이렇게 일정한 규칙을 가지고 자유롭게 활동하는 것이 학교에서의 진정한 자율이라 생각한다.

관악반의 교육적 의미

경기도 평택시의 삼덕초등학교는 6학급의 소규모 학교로 전교생이 38명에 불과했다. 인근에 신도시가 생기면서 큰 학교로의 전학이 늘어나 학생수 급감으로 폐교를 고민해야 하는 상황이었다. 존폐 위기에 놓인 이 학교가 다시 부활을 할 수 있었던 건 바로 교내 오케스트라 덕분이었다. 학교는 학생들에게 주 1회 오케스트라 통합 수업을 진행했고, 교사들도 적극 동참했다. 이후, 이 오케스트라는 양로원 위문 봉사 공연, 평택시 신문 만들기 대회 찬조 공연 등 지역 사회에서 활발한 문화 활동을 펼쳐 학교와 마을을 하나로 연결했고, 그 결과 폐교 위기에서 벗어나게 되었다. 오케스트라 연주 활동으로 죽어가는 학교가 다시 살아나는 과정을 경험한 삼덕초등학교 학생들은 하모니의 중요성을 직접 몸으로 체득하며 큰 교훈을 얻었을 것이다.

대전 대신학원에서도 관악기들로만 구성한 오케스트라 합주팀인 관악반을 운영하고 있다. 중고등학교에서 관악반을 운영하는 것은 단순히 악기 다루는 기술을 배우게 하는 것뿐만 아니라 여러 명이 함께 한 마음으로 합주를 함으로써 하나의 아름다운 하모니를 만들어내는 학습이다.

선행적으로 단원들의 협동과 단결이 이루어져야 비로소 아름답고 조화로운 음악(화음)을 탄생시킬 수 있다. 따라서 아이들에게 음악을 이해시키기 전에 단원들 간의 화합의 중요성을 깨닫게 하고 그것을 최우선으로 여기도록 인도한다.

그리고 좋은 화음을 만들어내려면 타인의 악기 소리에 집중해야 한다. 타인의 소리에 귀를 기울여야 내 악기 소리를 거기에 조화롭게 맞추며 아름다운 음악을 만들어낼 수 있는 것이다. 이것이 화음和音이다.

그리고 음악적으로 프로가 아니라도 남 앞에서 연주를 할 때는 상대방이 귀한 시간을 할애하여 들어주는 것이니 만큼 자신이 할 수 있는 최선의 노력과 정성을 들여 준비해야 한다. 그렇지 않으면 남 앞에서 연주를 하면 안 된다. 그것이 상대방에 대한 예의이며 상대방을 존중하는 자세다.

연주를 통해 이런 인간관계도 배우는 것이다. 합주는 악보 대로 연주해야 하지만 음악에 생명을 불어넣으려면 그 곡이 탄생한 배경과 무엇을 표현하려 했는지를 이해하지 않으면 안 된다. 음악은 과학적으로 만들어진 것이지만 그 속에 감정을 담아내지 못하면 사람들에게 마음을 울리는 감동을 주기가 어렵다.

그러므로 음악을 한다는 것은 음악 속의 희로애락을 느끼고, 그 감정을 표현하는 것을 배우는 것이다. 그리고 합주 전에 철저한 악보 준비와 악기 튜닝을 하고, 웜업warm up과 합주할 마음의 준비를 한 다음에 합주를 시작해야 한다. 음악 속으로 들어갈 준비를 완벽히 갖춘 다음에 시작해야 최상의 연주를 해낼 수 있다. 그리고 합주 시 여러 명이 일치된 박자를 만들어내려면 항상 긴장을 늦추지 말고 지휘자의 지휘에 집중하는 것이 중요하다. 결국 합주를 한다는 것은 단결, 협동, 배려, 조화, 질서의식, 즐김, 생명 존중, 노력, 인내, 프로정신, 열정, 감동을 배우는 교육이 모두 들어 있는 것이다.

위와 같은 합주의 교육적 효과를 기대하는 대전 대신학원의 관악반 운영 지침은 다음과 같다.

대전 대신학원의 관악반 운영 지침

1 점심시간을 활용하라 _취미도 열심히 하지 않으면 취미가 되기 어렵다. 악기도 꾸준히 하지 않으면 실력이 향상되지

않는다. 그런데 요즘은 아이들이 시간 내기가 어렵다. 그래서 점심시간을 이용한 연습을 만들어야 매일 연습을 할 수 있지 않을까? 그런 학교들도 많다.

2 입회기준을 마련하라 _관악반에 들어올 수 있는 기준으로는 선진국처럼 성적이나 인성에서 어떤 기준을 마련해서 절도 있고 명예로운 관악반이 운영되게 함으로써 학업과 음악을 함께 공존할 수 있도록 해야 한다.

3 운영수칙을 세워라.

다음은 좋은 생각과 좋은 습관을 만드는 대전 대신학원의 관악반 운영 수칙이다.

1) 악기는 제 2의 생명(소중히 다룬다).

2) 개인 연습은 매일 꾸준히(좋은 습관 기르기).

3) 합주는 남의 소리에 귀 기울이는 것(인성교육과 배려).

4) 연주란 단합된 화음을 들려주는 것, 곧 팀웍이다(협력).

5) 합주시간 엄수(존중의 실천: 서로의 시간을 존중해야 하기 때문).

교장의 역할과 교장 연수 프로그램

내가 처음 대신학원 이사장으로 부임해서 학교를 살펴

보니 개혁해야 할 부분이 너무 많았다. 그래서 획기적 변화를 꾀하고자 외부에서 교장 선생님을 초빙하기로 결정을 하고 신문공고를 냈었다.

25년 이상의 교육 경력을 가지고 계신 분들 중에서 열다섯 분을 1차 선발해 하루 종일 면접을 했으나 한 분도 선임하지 못했다. 상식적인 기준에서 교육의 본질을 제대로 이해하는 분이 없었기 때문이다. 가을에 다시 교장 초빙 신문공고를 내고 열다섯 분을 면접했으나 역시 마찬가지였다. 몇 십 년씩 교육을 해왔던 분들이 정작 교육을 모르고 있었다. 좋은 대학을 많이 보내는 학교가 좋은 교육을 하는 학교인 줄 알고 있었다. 우리가 교육의 본질을 잊고 산 지 너무 오래되었다는 것을 깨달았다.

내가 교장 후보 면접에서 가장 중점을 둔 것은 교육을 제대로 이해하고 있느냐 하는 것이었다. 그래서 "교육이란 무엇인가?"란 질문을 하였다. 다음은 인성교육과 학습교육과의 관계와 인성교육을 어떻게 해야 하는지를 물었다. 아이들의 "자존감을 키우기 위해 무엇을 해야 하는가?"라는 질문도 하였다. 그리고 "창의성교육은 어떻게 할 수 있을까?" "어떻게 하면 아이들을 행복하게 하는 교육을 시킬 수 있을까?" 등의 질문들을 했다. "대학 입시 공부를 어떻게 해야 좋은 대학에 많이 보낼 수 있는가?"라는 질문은 교육의 본질과 무관하기 때문에 나의 관심 사항이 아니었다.

그러나 후보 분들 중에 한 가지도 제대로 답변하는 분이 없는 것을 보고 새로운 교장 선임을 포기할 수밖에 없었다. 이는 교육에 종사하는 모든 기성세대들의 잘못이다. 자라나는 아이들의 꿈을 키워 주고, 희망을 주고, 행복을 주는 교육을 하지 못하고, 넓은 세상을 바라보며 나아갈 수 있게 하지 못한 어른들의 책임이다.

교장은 학교의 경영자를 말한다. 많은 선생님들이 교사생활의 끝을 교장으로 마무리 짓고 싶어한다. 그것이 교사의 마지막 영예라고 생각하는 경향이 있다. 하지만 교사와 교장은 그 역할이 매우 다르다.

교사는 주어진 커리큘럼 안에서 아이들을 가르치는 일이 가장 큰 역할이지만, 교장은 한 조직의 경영자이다. 목표를 세우고 목표를 달성하며 교직원들을 성장할 수 있도록 훈련시키고 그 조직의 지속 가능한 상태를 유지한다는 면에서 기업의 경영자와 다르지 않다. 교장은 학교를 경영하는 이로 교직원들을 성장시키고 학교를 발전시켜야 할 의무가 있다.

교장 직책 훈련은 교장이 되면서 시작되는 것이 아니라 신입 교사 시절부터 경영에 대한 마인드와 관심이 있는 분들 중에서 하는 것이 옳다. 그동안 대다수의 교사들이 교장이 되고자 하는 열의를 갖고 있음에도 그에 걸맞은 체계적인 매뉴얼이나, 공인된 훈련이 없었다. 교장으로 내정이 된 후 교육청으로부터 한 달간의 교장 직무교육을 받는 것이 전부다. 그 정도 가지고 경영자의 역할을 원만하게 감당할 수 있을지 의심스럽다.

교육부는 교장 연수 교육을 모두에게 개방했으면 좋겠다. 교육 연수 경비를 자기가 부담하더라도, 신입교사라도 본인이 원하면 받을 수 있도록 하는 것이다. 교육을 필할 경우 교장 연수 이수증도 만들어준다. 단, 지금의 교장 연수 프로그램 수준이 아니고 기업의 경영자를 키우는 정도로 높은 수준의 경영자 연수 프로그램으로 업그레이드시켜서 말이다. 그것도 단계를 초급, 중급, 고급 3단계 과정으로 분할하여 경영자 교육프로그램을 만들면 좋을 듯하다. 기업에서 하는 경영자 프로그램에 학교의 특성을 반영한 프로그램으로 만들면 더욱 훌륭할 것이다.

앞서 말한 바와 같이 교장은 교사가 아니며 조직을 운영하는 책임자이다. 기업의 CEO와 다를 바 없다. 조직의 목표를 세우고 그 목표를 달성하기 위해 노력하는 사람이며 조직원들을 우수한 사람으로 키울 수 있는 리더십도 요구된다. 그리고 조직의 연혁 자료들을 잘 관리하여 조직의 역사를 관리해야 하는 책임도 있다.

이처럼 교장은 교육을 잘 알면서 경영자 훈련도 받아야 하는 직책이다. 그래서 미국에서는 기업의 임원들이 교장으로 발탁되는 경우가 허다하다. 신입 교원 때부터 이런 교육을 받게 하면 더욱 훌륭한 교장들이 많이 배출될 것이다. 교사 자격증이 없어도 기업의 임원 경력을 가지고 있으면 일정 교육을 이수하여 교장이 될 수 있도록 하는 것도 방법이다.

꿈은 아이들에게만 필요한 것이 아니라 교사들에게도 마찬가지다. 꿈을 갖는다는 것은 도전한다는 것이고 도전한다는 것은 자신이 살아 있음을 증명하는 것이다. 꿈을 갖게 되면 세상을 보는 눈이 달라지고 모든 관련 분야에 관심을 갖고 살피게 되며 그에 필요한 경험과 지식을 쌓게 된다. 그러한 것들이 성과로 나타나 결국 꿈이 현실로 이어지게 되는 것이다.

즉, 학교 경영자에게는 네 가지가 필요하다. 첫째는 아이들을 사랑하는 마음, 둘째, 진정한 교육에 대한 올바른 의식과 열정, 셋째는 사명감과 헌신적 봉사정신, 넷째는 글로벌 마인드와 경영 리더십이다.

하지만 대다수의 사람들은 그런 의식과 안목을 갖기 어렵다. 사명감과 희생정신이 요구되기 때문이기도 하고, 오랫동안 전통적 교육 방법, 즉 입시 위주의 교육에 젖어 교육의 진정한 목적을 잊어버리고 관행에 젖어 있는 탓이기도 하다. 또한 우리나라에 명망 있는 교육계 지도자나 교육을 아는 정치 지도자가 부족하기 때문이기도 하다. 교육개혁은 그 나라의 고정관념과 고질적 문화를 바꾸어야 가능한 일이기 때문이다.

교육은 아이들이 사회에 나가서 능력을 발휘할 수 있도록 하기 위한 과정이다. 그러므로 사회를 알아야 교육을 어떻게 해야 할지도 알 수 있는 것이다. 그래서 나는 '사회를 잘 모르는 사람은 교사를 하면 안 된다'고 생각한다.

교육청의 가이드에 따르면 교장, 교감은 가급적 부장들 중에서 선임하도록 되어 있다. 부장을 거치면서 경영 수업을 받는다고 생각하기 때문에 그렇게 유도하는 것 같다. 학교의 부장들은 직책을 부여 받지만 그것에 대한 사명감이나 특별한 노력이 필요한지를 깊이 생각해보는 분들은 많지 않다. 또한 부장들을 위한 교육청의 교육도 없고 특별히 훈련 받는 것도 없으며, 평가하는 시스템도 없어서 결과에 대해 책임을 지는 것도 없어 보인다. 책임을 지는 것이 없으면 배우는 것도 별로 없다. 결과적으로 그냥 계획서를 내는 것과 실적에 관련된 행정 문서를 해결하는 정도에 그치는 경우가 대부분이다.

학교에서는 부장 때부터 업무의 목표를 정하고 그것을 위해 관련 교직원들을 독려하며 일을 해나가면서 행정도 배우고 일하는 방법도 터득하게 되는 것인데 그런 훈련 과정이 너무도 미흡하다. 그런데도 그런 제도적 문제는 해결하지 않은 채 관행적으로 시행되고 있다.

기업에서의 부장은 직책에 걸맞은 실적이 있어야 하는 것은 물론이고, 엄청난 역할과 책임을 가지고 일을 한다. 회사에서 큰 역할을 감당할 뿐만 아니라 매년 실적 평가를 통해 승진 여부가 결정된다. 그러나 교사들을 평가하는 제도는 거의 없다. 그래서 무능하고 무책임한 교사가 있어도 조정이 불가능하고, 그 피해는 고스란히 아이들에게 돌아간다.

우리는 지금 엄청나게 모순적 교육시스템 속에 살고 있다. 부실 기업을 도태시키지 않는 나라는 쇠락을 피할 수 없고, 부실 교사를 도태시키지 못하는 사회도 망할 수밖에 없다.

교장의 역할

1 비전을 세우는 일 _교육목표를 정하고 그 목표가 원만히 진행될 수 있도록 지원하는 일

2 학교에 좋은 교육프로그램들이 개발되고 지속되도록 도모하며 평가하기

3 선진 교육기관과 연결하여 올바른 교육으로 나갈 수 있도록 자극시키는 일

4 교사들의 교육이 얼마나 잘 이루어지고 있는지 매년 평가하여 기록하기

5 교사들의 안목을 넓혀주고 성장시키기

6 학교 연혁자료의 체계적인 관리시스템을 구축하는 것

7 체육시설을 확충하는 것

교육은 신념과 철학 그리고 열정으로 하는 것이다. 따라서 교장은 교육철학을 가지고 학교의 좋은 문화를 정착시켜야 하며, 나쁜 문화는 바꾸어나가야 한다.

교장은 교사의 연장선상에 있는 사람이 아니고 그들을 인도하고 평가하고 교육시스템을 창조하는 리더여야 한다. 따라서 교장은 매년 그 기관의 목표를 정하고 이를 달성키 위해 가장 효율적인 조직을

구성해야 하며 매년 초에 목표를 세우고 조직원들에게는 개별 목표를 부여하여 그 결과를 어떻게 평가할지를 알려주고 연말에 개별 평가와 종합 평가를 한다.

목표와 평가는 함께가는 것으로, 평가가 없는 조직은 곧 목표가 없는 조직이다. 경영자는 조직원들이 목표를 얼마나 잘 이해하고 있고, 이를 위해 어떤 노력들을 하고 있는지 구체적이고 지속적으로 살펴 그들을 목표에서 벗어나지 않도록 교육, 훈련시키는 데 모든 지원을 아끼지 않아야 한다. 또한 교육목표와 교육방침이 일관되게 수업에서 적용될 수 있도록 실제 교육과정에 대한 효과 검증, 그리고 객관적 평가가 이루어져야 한다.

교육의 목적이 무엇인가? 생각능력을 키워 스스로 학습하는 능력을 배양시키는 것이다. 그러기 위해 지식 전수 이전에 아이들의 마음을 읽고 스스로 공부할 수 있는 분위기를 만들어줘야 한다.

다시 말해 공부는 스스로 하는 것이지만 환경과 분위기를 잘 만들어주지 못하면 교육효과는 반감될 수밖에 없다. 그래서 나는 교사의 역할 중 가장 중요한 역할이 상담이라고 생각한다. 그러므로 교장은 이런 상담이 자연스럽게 이루어질 수 있는 환경을 만들어야 한다.

선진국의 경우 학생들이 입학할 때 1차 상담자, 2차 상담자, 3차 상담자(교장)까지 미리 지정하고 방법을 알려준다. 상담은 학생의 모든 부분에 대해 이루어지는데 상담이 미흡하다고 여기거나 1차 상담자에게 상담을 받기 싫은 학생들은 2차 상담자에게 상담을 받을 수 있다. 그것도 싫은 학생은 3차 상담자인 교장에게 상담 요청을 할 수 있다.

학교 경영관리를 위한 교장 업무 목록

학교 경영관리에서는 교무, 행정의 모든 데이터가 경영자에게 집중 보고되어야 한다. 그 데이터를 분석해 목표를 정하는 등 효율적인 관리를 할 수 있는 것이다. 교장의 역할 중 가장 중요한 것은 목표를 세우고 그에 걸맞은 평가를 내리는 일이다.

모든 조직은 사람이 경영하는 것이므로 올바른 평가 결과는 잘하는 사람을 더 잘하게 만든다. 따라서 학교의 목적에 맞는 교육목표 설정과 공정한 평가 시스템을 만들어 운영해야 한다. 공정한 평가 시스템의 예는 다음과 같다.

1 지난해 설정한 교육목표 실적 평가
2 학생의 정기적 설문 평가_학교 경영 평가, 교사 평가, 급식 평가
3 학기별 교사별 수업 참관 후 수업 평가
4 각 조직 운영의 정기 평가
5 각 조직의 업무 매뉴얼 작성
6 시설 관리 지침 작성
7 교육프로그램 성과 평가
8 학교 장기 발전 계획 수립

그러면서도 외부 사회와 계속 접촉하여 정보를 교류하고, 어떻게 하면 아이들이 꿈을 꾸고 그것을 펼치기 위한 훈련을 쌓을 수 있는지 연구해야 하는 매우 어려운 직책이다.

끝으로 한마디 더 하자면 교장 역할이 이렇게 어려운데 반해 급여의 차별화가 너무 미미하다. 지금 같은 급여로 이러한 역할을 기대한다는 것은 어찌 보면 꿈을 꾸는 것과 같은 일이다.

교사가 꼭 알아야 할 교육적 개념

1 교육이란 무엇인가?

교육은 아이들로 하여금 사회에 나가 행복하게 살게 하기 위한 것이다.

행복이란 혼자 있을 때 느끼는 것이 아니라 함께할 가족이나 이웃이 있을 때 느끼는 것이다. 그래서 행복은 신의 축복과 마찬가지로 관계among the people 속에 주어진다. 봉사를 하고 협력을 하면 행복이 따라온다. 교사는 이 행복이 무엇인지 알게 해주는 사람이다.

2 좋은 습관 훈련

성공적인 삶과 실패하는 삶의 차이는 좋은 습관을 가지고 있느냐 아니냐에 달려 있다. 따라서 좋은 습관을 만들고 몸에 배게 유도하는 것이 교육이다. 성공적인 삶을 사는 사람은 좋은 습관을 가진 사람이다. 따라서 교사는 아이들에게 아래와 같이 좋은 습관이 만들어지도록 인도하는 사람이 되어야 한다.

1) 생각습관

2) 운동습관

3) 인사습관

4) 청결, 청소, 정리정돈 습관

5) 배려, 봉사 습관

6) 자세습관

7) 책 읽는 습관

8) 공부하고 연구하는 습관

9) 고난에 굴하지 않고 도전하는 불굴의 습관

10) 글로벌 매너 습관

11) 효孝, 충忠의 습관

3 인성교육은 어떻게 하는 것인가?

자존감을 살리고 희망을 갖게 하는 것이다.

4   전인교육이란 무엇인가?

체, 덕, 지 순서로 교육하는 것이다.

5   공부란?

공부란 어떤 환경에서도 자기에 맞는 최선의 길을 찾아갈 수 있는 생각능력을 키우는 것이다.

6   21세기의 키워드인 창의성교육은 어떻게 해야 하는가?

1) 인간은 모두가 다르므로 자기만 특성을 찾아 그 길로 정진하는 것,

2) 기존 질서에 도전하여 새로운 질서를 만드는 것(구글, 페이스북, 싸이)이 창의성이며,

3) 이것은 독서와 토론, 글로벌 마인드로 길러진다.

7   교사란 어떤 존재인가?

1) 아이들이 사랑 받기 위해 태어난 사람이란 것을 깨닫게 하는 사람

2) 아이들이 생각하도록 두뇌를 자극하는 질문하는 사람

3) 좋은 습관을 몸으로 보여주는 사람

4) 교육의 주체는 교사가 아니며, 교사는 가르치는 사람이 아니고 아이들이 생각하도록 도와주는 마중물, 즉 조력자

이다.

8 어떤 교육프로그램을 개발해야 할까?

1) 긍정적으로 생각하기

2) 책 읽는 방법

3) 자세교육

4) 토론하는 방법

5) 발표하는 방법

6) 대화하고 말하는 방법

7) 쉬운 영어로 대화하기

8) 유머 이해하고 흉내내기

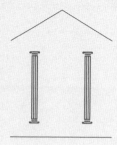

4장

교육정책을 위한
제언

평등하지 않은
고교평준화 제도

우리나라 교육정책은 평등교육을 매우 중요하게 여겨 1974년 서울, 부산을 필두로 고교평준화 정책을 시작했으며 2013년, 경기도 안산시, 의정부시, 광명시와 춘천시, 원주시, 강릉시에서 평준화 제도가 실시되었고, 2015년에 용인시에도 평준화가 도입되었다. 세종특별자치시도 고교평준화 찬반투표에서 76.7%의 찬성률을 보여 2017년에 평준화가 도입되었다. 이에 대해서는 이념적 대립이 있어 우파 진영에서는 평준화 정책 축소를, 좌파 진영에서는 확대를 지향한다.

결과적으로 교육의 질을 하향 평준화시켰고 과외는 더욱 과열되는 현상을 초래했음에도 평준화 정책은 아직도 이념 논쟁의 중심에 있다. 아직도 입시 위주의 교육을 하고 있는 학교들이 많다 보니 좌파 교육감들은 특목고, 자율고 등도 없애라고 목소리를 높인다. 왜 평준화 제도는 이런 이념적 갈등에서 벗어나지 못하고 있는가? 과연 우리의 평등교육은 올바른 평등교육인가?

세계에서 교육을 제일 잘 시킨다는 핀란드에서도 평등교육을 매우 중요하게 여긴다. 핀란드에서는 '인간은 모두 개성과 특성이 다르므로 그 학생에 맞는 교육을 평등하게 시켜서 모두 다른 사람들을 만들어내는 것'이 평등교육의 목표라고 말한다. 그래서 '획일적인 시험으로는 개인의 능력을 평가할 수 없다'고 단언한다.

우리나라는 획일적인 교육을 평등교육이라고 여기고 개성과 특성이 다른 아이들을 획일적인 평가로 줄 세운다. 핀란드 평등교육과는 정반대의 개념이다. 이제 좌우로 나뉘어 이념으로 바라볼 것이 아니라 교육에서 어떤 평등이 옳은 것인지를 면밀히 검토해야 한다.

우리는 1945년 해방 이후 처음으로 자유와 평등에 대한 개념을 접했다. 당시 어떤 사람이 길을 가다가 마주오는 사람의 뺨을 때렸다. 왜 때리냐고 항의 하자 "그건 내 자유다"라고 답했다고 한다. 자유에 대한 오해로 인한 웃지 못할 에피소드이다.

마찬가지로 오늘날에도 평등에 대한 오해가 깊다. 특히 교육에 있어 평등이란 모두에게 동일한 교육, 즉 획일적인 교육을 하는 것이라고 이해하고 있는 듯하다. 나라에서 평준화 정책을 실시할 당시 설문 내용을 살펴보자. 어떤 것이 평등교육이란 말은 없이 학부모들에게 평등한 교육이 좋으냐, 싫으냐 물었고, 평등교육이 좋다고 하니까 평준화교육을 시작했다. 실로 우문우답愚問愚答이 아닐 수 없다.

평등이란 말은 참 좋은 것이다. 평등하지 못했던 과거를 살아온 우리 백성들은 평등이란 단어만 들어가면 왠지 다 좋은 것으로 여겨졌다. 평준화교육은 그러한 배경에서 시작되었다. 하지만 교육에서 진정한 평등이 무엇인지 '교육의 평등'을 말하려면 좀 더 여러 조건을 살펴야 한다.

어떤 교육이 평등한 것인가? 이것은 교육 실수요자인 학생 입장에서 생각해봐야 한다. 고등학교 1학년 학생 중에는 학력 수준이 중학교 2학년 수준밖에 안 되는 학생이 있는가 하면 고1 정도의 학생, 고2 정도의 학생이 있다. 이럴 때 선생님은 어떤 수준에 맞추어 교육을 시켜야 평등한 교육이 되는 것일까?

현 평준화 교실에서는 학생들의 학력 차이가 워낙 커, 중간 수준에 맞추어 수업을 진행하면 일부 학력이 앞선 학생들은 다 아는 것이라 흥미가 없어 졸고, 뒤떨어지는 학생들은 이해를 못해서 존다. 결국 50% 이상이 자게 된다. 너무도 당연한 결과다. 이러한 수준 차이를 해소한다고 하여 수준별 수업을 도입하기도 했으나 같은 반 학생들의 수준 차이가 너무 커 별 도움이 안 되었다. 누구를 탓할 것인가.

어떤 학생이 언어능력은 뛰어나서 100점을 맞고 수학능력은 형편없어서 0점을 맞았다면 그 학생의 실력은 평균점수로 50점이라고 평가한다. 마찬가지로 어떤 학생이 수학능력이 뛰어나 100점을 맞고 언어능력은 형편없어서 0점을 맞았다면 그 학생도 평균 50점이므로 우리 교육관행으로 보면 부실한 학력의 소유자라고 할 수 있다. 교육 선진국에선 어느 분야에 뛰어난 학생의 다른 것을 못하더라도 잘하는 것을 더 잘하도록 도와준다. 우리의 평준화교육은 개인의 특성을 살리지 못하는 불평등한 교육제도라 할 수 있다.

교육에서의 평등이란 내 수준에 맞는 교육을 공평하게 받을 권리라고 생각한다. 내 수준에 맞지 않는 교육은 평등교육이 아니다. 이해를 못하거나 이미 다 아는 것이기 때문에 의미가 없는 교육이 될 수 있다. 그래서 공교육이란 개념적으로는 공공적 성격을 띠지만 실행되는 과정에서는 매우 사적인 접근이 필요한 것이다. 이제 정부부터가 교육의 평등 개념을 다시 정립하고 문제의 핵심을 정확히 인식해야 한다. 그래야만 교육 문제를 해결해나갈 수 있으며 진정한 평등교육을 시행할 수 있을 것이다.

이 시점에서 우리나라 조선시대 서당교육 시스템을 살펴볼 필요가 있다. 과거 서당의 교육과 토론 수업은 어떻게 이루어졌을까? 5세부터 17세까지 다양한 나이의 학생들이 모여 공부했던 조선시대 서당에서는 어떻게 가르쳤을까? 훈장 선생님은 각 학생의 레벨에 맞게 과제를 내주고 선배들이 봐주게 하였다. 일종의 오늘날 스터디그룹 같은 기능을 통해 다양한 수준의 학생들을 가르칠 수 있었다.

그러면 실력이 앞선 선배 학생들은 후배들에게 가르치기만 하니까 손해를 볼 것 같지만. 실제 가르쳐보면 오히려 부족했던 자신들의 지식들이 채워지고 학습에 대한 깊이가 심화되어 완전 학습이 이루어지므로 본인도 많은 덕을 보게 된다. 이것이 바로 가르치며 배운다는 교학상장教學相長이다. 그래서 학생들 사이에 경쟁의식은 없었고 서로 협력하는 분위기였다. 오늘날에도 협력과 상생을 배우는 스터디그룹과 자신의 논리적 생각을 표현하여 논리와 의사소통을 배우는 토론식 수업을 해야 하는 이유가 여기에 있다.

공부의 목적은 생각능력을 키우는 것이다. 균형 잡힌 생각능력은 토론을 통해 만들어지며, 토론 과정은 새로운 아이디어의 연상작용을 불러일으켜 생각능력을 성장시킨다.

스터디그룹 활동과 토론수업은 평등하지 않은 교육환경 속에서 그나마 다양한 수준의 학생들이 공유할 수 있는 교육방법이다. 선진국에서는 이미 일반화되어 있는 교육방법이기도 하며 경쟁과 이기주의를 조장하는 기존의 교육환경을 협력과 상생을 배우는 진정한 교육의 장으로 바꾸어주기 때문에 매우 중요하다. 앞에서 설명했던 이스라엘의 하부르타 교육은 둘씩 짝을 지어 1 : 1토론을 시키는 대표적인 스터디그룹 제도로 이는 또한 과외를 없애는 좋은 방법이 되기도 한다.

우리의 교육은 지금 평등하지 않은 평준화교육 제도를 고집할 것이 아니라 핀란드처럼 평등교육의 개념을 다시 정립하고, 교육정책을 수정해나가야 한다. 이를 위해 교육정책 입안자들이 교육 선진국에 가서 평등교육을 다시 배워왔으면 하는 바람이다.

대학 입시 제도의
개혁

    우리는 중고등학교 교육이 입시 위주의 주입식 암기 교육이라고 걱정한다. 그래서 여러 가지 대안을 제시해보기도 하지만 실효를 거두지 못하고 있다. 이유는 간단하다. 대학 입시 방법이 바뀌지 않기 때문이다. 대학 입시 제도가 우리나라 교육의 문제를 만들고 있는 것이다.

    대학 입시 제도가 바뀌면 중고등교육은 쉽게 바뀔 수 있다. 지금의 입시 방법은 간단하게 학력점수로만 선발하기 때문에 비용이 적게 든다. 그러나 입시 방법을 바꾸려면 대학의 학생선별 과정에서 점수로 계량화하기 어려운 인성이나 자질, 체력 등을 계량화하는 데 많은 노력과 비용을 들여야 한다. 다행히 입학사정관제가 보완을 하고 있으나 그것도 부작용이 많다. 교육이 바로 서려면 대학 입시 자체가 바뀌어야 한다.

선진국의 대학 입시 방법은 매우 다양하다. 성적만 가지고 선별하지 않고 그 사람의 활동이나 인간성, 그리고 가치관과 사회성까지 평가해서 반영한다. 그래서 선별 과정에서 면접의 중요도가 매우 높다. 그리고 선발 방법도 교과부에서 간섭하지 않고 대학이 주관하며 오로지 대학 당국이 알아서 한다.

우리가 고등학교에서 인성교육과 전인교육을 등한시하는 것은 대학에서 그렇게 뽑지 않기 때문이다. 대학 입시 선발 과정에서 건강과 체력을 평가 한다면 열심히 운동을 시킬 것이고 인성을 평가한다면 인성교육에 더 노력을 기울일 것이다. 자세와 발표력을 평가한다면 그것도 가르칠 것이다. 우리의 대학 입시 방법은 지식만 평가할 뿐 지혜는 살피지 않는다.

컴퓨터로 산출된 성적만으로 입학을 결정하는 원시적인 방법은 이제 사라져야 한다. 그렇게 된다면 교육이 입시 위주의 주입식 교육에서 벗어날 수 있다. 입시에서 학력평가의 비중은 50%를 넘지 않도록 해야 한다. 하지만 어떤 학과에서 매우 뛰어난 사람은 학력만으로 선발할 수도 있다. 이렇게 다양한 선발 기준이 적용될 수 있으며 그 선택과 시행은 모두 대학의 자율에 맡겨야 한다.

선진국의 대학에서는 입학생을 뽑는 데 많은 인력과 자금과 노력을 기울이므로 대학 전형료로는 턱없이 부족하다고 한다. 그에 비하면 우리나라 대학들은 좋은 학생을 뽑으려는 의지가 없어 보인다.

입학 전형료가 들어오면 그 돈으로 입시와 관계 없는 교직원들에게 수당을 주거나 건물을 짓는 데 이용하기도 한단다.

이제 대학들이 나라의 장래와 교육의 발전을 위해 올바른 입시제도를 제시해야 한다. 그것이 청소년을 살리고 나라를 살리는 길이다. 교과부가 리드하는 교육정책이 아니라 대학이 리드하는 교육으로 말이다. 그러면 비정상적으로 흘러갔던 우리의 중고등교육도 균형을 바로 잡을 수 있을 것이다.

인성이 어떻든 성적만 좋으면 된다는 의식은 사라져야 한다. 건강하지 못한 이기적인 인재를 양산하는 교육은 더 이상은 안 된다. 그런 인재는 사회를 건강하게 하지 못하고 오히려 어둡게 만들기 때문이다.

교육제도와
청년실업

    교육은 사회의 일부분인 것처럼 보여도 사실은 우리 삶과 우리 사회 전반을 지배할 정도로 막대한 영향을 미친다. 하지만 우리는 그 영향력을 잘 인식하지 못하고 있다. 우리의 가치관과 사상, 의식, 생활습관, 문화, 가정, 경제, 일자리 등 우리 삶에 너무나도 큰 영향을 미치고 있는데도 말이다. 그래서 교육을 잘하고 있는 나라는 사회도 안정되어 있고 국민 의식도 매우 높은 것이다.

    과거부터 교육제도란 100년을 내다보고 계획을 세워야 한다는 뜻에서 "백년대계"라는 말을 쓴다. 정치인, 교육 전문가들과 교사들, 그리고 학부모들은 말로는 모두 교육이 중요하다고 말한다. 하지만 정작 그렇게 말하는 기성세대들이 교육의 본질을 잘 모르고 있다는 것이 교육 문제가 해결되지 않는 근본적인 이유다.

교육 전문가들이 교육을 모른다는 말이 좀 이상하게 들릴 수 있다. 사람이 병에 걸리면 그 원인을 명확하게 찾아야 올바른 처방을 할 수 있다. 올바르지 않는 진단과 처방은 병을 더 키우게 마련이다. 우리 교육도 마찬가지다. 교육에서 발생하는 여러 가지 문제들이 잘 해결되지 않고 있는 것은, 올바른 처방을 못하기 때문이다. 교육의 본질을 명확히 이해하고 접근하지 않으면 사상누각沙上樓閣이 될 수 있다.

이렇듯 질병의 원인을 정확히 찾아내려면 그 원인을 조사하고 분석하는 팀을 공개적으로 모집하여 해결 방법을 찾으면 된다. 그러한 조직을 만들지 못하기 때문에 문제가 해결되지 않는 것이다. 이것이 바로 소통이 안 되고 있는 국가의 모습이다.

요즘 청년실업 문제를 해결하고자 정부에서도 많은 시도를 하고 있다. 그러나 잘 안되니까 공무원을 늘려 일자리를 만들고 있다. 그런데 정작 중소기업들 입장에서는 사람을 못 구해서 난리다. 중소기업 급여는 대기업의 60~70% 정도 된다. 중소기업에서 구인을 하면 면접을 신청한 사람 중에 90%는 연락도 없이 면접에 오지 않는다. 일자리가 없는 것이 아니고 대기업처럼 월급을 많이 주는 일자리가 없는 것이다. 우리나라 80%를 차지하고 있는 중소기업의 일자리는 눈에 안 찬다는 이야기다.

이러한 일자리 미스매치의 문제는 어제 오늘 일이 아니다. 그런데 정작 실력 있는 젊은이들은 많지 않다. 전문가가 아니고 직장에

와서 일을 배워야 하는 사람들이 대부분이다. 그래서 요즘 젊은이들 중에는 먹고 살기가 괜찮은 부모에게 얹혀 사는 캥거루 족들이 많다. 캥거루 족이란 능력은 부족한데 궂은 일은 하기 싫어 독립할 나이가 되었는데도 직업 없이 부모 집에서 얹혀 사는 것을 말한다. 그 결과 외국 근로자들에게 우리의 일자리를 빼앗기고 있는 실정이다.

젊은이들의 사고에도 문제가 있지만, 이는 궁극적으로 교육제도의 모순 때문이기도 하다. 선진국의 인문계고와 실업계(직업학교) 비율은 약 5 : 5 정도 인데 우리는 75 : 25이다. 실업계는 겨우 선진국의 1/2인 셈이다. 이 사회가 필요로 하는 인력 수요를 교육시스템이 받쳐주지 못하고 있는 것이다.

예를 들어 요즘 타일공, 미장공의 일당은 초보자가 25만 원, 중급 30만 원, 고급 40만 원이다. 그런데 체계적으로 가르치는 학교가 없다. 그래서 전문적으로 일하는 이들이 대부분 60~70대다.

농산물의 경우만 해도 아무리 생산을 잘했다 하더라도 수요와 공급이 맞지 않으면 헐값이 되어 수확도 못 해보고 갈아 엎는 경우가 종종 있다. 그래서 농림부에서는 농산물 수요 예측에 많은 노력을 기울이고 있다. 인력도 마찬가지이다. 정부가 사회가 필요로 하는 분야별 인력 수요를 조사 분석하여 그 수요에 맞는 교육시스템을 만드는 것이 무엇보다 중요하다.

헌데 우리 정부는 그런 것에는 관심이 없고 교육감들은 자율형 사립고를 없애지 못해 안달하고 있다. 문제의 원인을 정확히 파악하지 못하고 있기 때문이다. 대부분의 선진국 교육시스템은 인문계와 실업계 비율이 5 : 5이다. 왜 그럴까? 그 이유를 알아야 한다. 선진국에서 실업계가 50%인 이유는 그만큼 실업계 인력 수요가 많다는 얘기다. 우리의 경우, 교육이 인문계에 치우쳐 실력 없는 인문계 졸업생들을 너무 많이 양산했기 때문에 사회가 요구하는 인력 수요와 학교의 공급이 맞지 않는 것이다.

정부는 다양한 실업계 마에스터 고교에 더 많은 투자를 해야 한다. 등록금도 면제 시켜주고 시설도 고급화하여 인문학도 가르치는 고급 마에스터 고교를 만든다면 누가 안 가려고 하겠는가?

그러면 고교를 졸업하고 바로 일선에 나와도 연봉 4000만 원 정도는 받을 수 있는 전문기사를 양성할 수 있다. 그리고 그 전문기사들이 사회에 나와 10년 이상 경험을 쌓고 나면 회사도 쉽게 차릴 수 있다. 젊은 나이에 사장도 될 수 있는 것이다.

정부가 나서서 직접 일자리를 만들려고 하면 오히려 나라가 어려워진다. 정부는 이 사회가 어떤 인력을 원하는지 잘 파악하여 그 수요에 걸맞은 교육시스템을 구축하고 필요한 인력을 배출하면 된다. 그러면 일자리는 저절로 만들어진다.

이제라도 정부는 일자리를 만드는 방법을 바꾸어야 할 것이다.

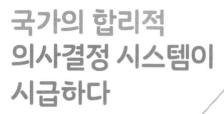

국가의 합리적
의사결정 시스템이
시급하다

2017년 7월 문재인 정부는 친환경 에너지 정책 일환으로 공사 중이던 고리 원자력발전소 건설을 전격적으로 중단시켰다. 반대 여론이 거세지자 정부는 공론화 위원회를 만들어 그 합의 의견에 따르겠다고 했다.

3개월 동안 공론화 위원회의 숙의를 거쳐 드디어 다시 공사를 재개하기에 이르렀다. 공사를 중단하는 동안 1천 억 원이 넘는 예산이 낭비되었다. 그런데 또 금년 여름 열대야가 계속되어 전기수요가 늘어나니 가동을 중단했던 원자력발전소를 슬그머니 재가동했으며, 그 결과 2017년 2조 흑자를 냈던 한전이 2018년엔 상반기만 8천 억 적자를 냈다.

이는 일하는 순서가 바뀌어서 생긴 일이다. 나라의 일은 대통령

혼자서 하는 것이 아니다. 의사 결정하기 전에 전문가들의 충분한 숙의 과정이 필요하다. 이를 무시하면 필연적으로 혼란과 예산 낭비가 발생하기 마련이다.

요즈음 우리 사회는 소통의 필요성을 매우 절실하게 느끼고 있으며 국민들은 정부에게 그것을 기대하고 있다. 그러나 소통이 중요하다고 외쳤던 정치 지도자들도 정작 소통이 뭔지 잘 모르는 것 같다.

사람들의 생각은 다양하고 충분히 서로 다를 수 있다. 하지만 서로 다른 생각들의 차이를 좁혀가는 방법이 논리적이고 합리적이면 문제가 없다. 의견이 달라서 문제가 아니라 합리적 의사결정 시스템이 없는 것이 문제다.

의견이 서로 다른 사람들을 함께 모아 테스크포스task force 팀을 만들어 공론화하고 공개적으로 토론하게 하면 합리적인 방법을 찾을 수 있다. 그런 토론의 장이 없을 경우 거리에 나와 데모를 하는 것이다. 정치인들은 대 국민용 보여주기식 정치보다 진정 나라를 위한 의견수렴 시스템 구축에 더 많은 에너지를 쏟아야 한다. 훌륭한 국가란 시스템이 잘 갖추어진 나라다.

예를 들어 이명박 정부의 4대강 치수사업에 대해 문재인 정부는 실패한 사업이라고 계속 주장해왔다. 실패한 사업이란 의심이 들면 지난 사업을 성토만 하고 있을 것이 아니라 4대강 치수사업의 여러 가지 문제점을 찾고, 향후 어떻게 대처할 것인가를 연구하여야 한다. 그러기 위해 각계 각층의 전문인력들을 한데 모아서 팀을 만들어 연구를 시키고 공개적으로 토론하게 하면 진위가 가려질 것이다. 정확한 데이터를 근거로 향후의 뚜렷한 대처 방안도 도출할 수 있을 것이다. 그러나 그런 시스템은 구축되어 있지 않다.

청년실업 문제도 현 정부는 일자리 현황을 잘 파악하고 있지 못한 것 같다. 내가 중소기업을 운영하고 있어서 잘 안다. 요즘 중소기업들은 사람을 구하지 못해 어려움을 겪고 있는데 정부는 일자리가 없다고 오해하고 있다. 물론 중소기업은 대기업 급여의 60~70%밖에 주지 못하지만 우리나라의 대부분을 차지하는 일반적인 일터이다. 그런데 청년들은 봉급을 많이 주는 대기업 일자리만 원하고 있으니 일자리가 없는 것처럼 보이는 것이다. 정부가 이러한 현실을 정확히 파악하고 있는지 의심스럽다.

일자리 문제는 우리 교육시스템에도 원인이 있다. 우리나라는 인문계 고교 학생수가 전체의 75%나 되기 때문에 사회의 인력 수요를 맞출 수 없다. 타일이나 미장 인력은 60대 이상의 노인들밖에 없다. 근데 일당은 무척 높다. 솜씨가 좋은 사람들은 인테리어회사나 건설회사에서 서로 일해달라고 줄을 선다.

인문계 고교평준화의 한계를 보완하기 위해 시작한 자율고도 일부 교육감들이 충분한 연구와 검토 없이 일방적으로 이랬다 저랬다 하고 있다. 정부가 정책적으로 만든 자율고를 없애는 것은 교육감 개인이 결정할 사안이 아니다. 정부가 나서서 교육제도에 관심이 있는 국민들을 공개 모집하여 토론팀을 만들고 공론화하여 치열한 토론을 통해 문제를 풀어나가야 한다.

그럼 이런 상황에서 청년 일자리를 정부에서는 어떻게 해결해나 갈 수 있을까? 농산물 중 쌀의 경우는 전략 물자라고 해서 정부에서 잉여 농산물을 사주는 방법을 채택하고 있지만 그것도 향후 지속하기는 어려운 상황이 되어가고 있다.

그런데 정부는 잉여 농산물을 사들이는 것처럼 청년 일자리도 정부가 세금으로 만든다고 한다. 그것이 과연 얼마나 실효를 거두고, 얼마나 지속될 수 있을까? 일자리는 제도로 마련할 수 있는 것이 아니다. 사회의 인력 수요를 조사하여 그 수요에 맞는 교육시스템을 만들어야 한다. 그리고 노동부는 사회 일자리 수요를 조사하는 상설 전담팀을 만들고 교육부는 선진국 교육시스템을 조사 연구하는 상설 교육개발팀을 만들어서 우리에게 적용할 만한 것을 찾아 경쟁력 있는 교육시스템을 창조해나가야 한다.

그리고 정부는 직접 일자리를 만드는 데 투자하는 것이 아니고 일자리를 감당할 수 있도록, 필요한 교육시스템을 만드는 데 투자를 해야 한다. 국민들에게 고기를 잡아주는 정책이 아니고 고기를 잡는 방법을 교육하는 일에 에너지를 쏟아야 한다.

앞서 언급한 원자력 발전소 공사 문제도 마찬가지다. 일본 원전 사고를 보더라도 원전이 상식적으로 위험하다는 인식을 가지는 것은 충분히 이해가 된다. 그러나 일본도 원전 사고 후 원전을 완전 포기할 것처럼 하다가 결국 현실적인 판단으로 계속 가동하기로 결정을 번복했다.

원전 문제는 현실 생활과 안전이라는 문제가 상충되고 있기 때문에 장기적이고 안정적인 전략이 필요하다. 이를 위해서 충분히 의견을 모으고 대안이 마련되었을 때 의사결정을 한다면 국민들이 혼란스럽지 않을 것이다.

우리는 아무 대책 없이 정식 허가를 받고 진행중이던 원전 공사를 멈추게 했다. 향후 우리나라의 전력 수요량이 얼마나 되는지와 원전이 없어도 가능한 것인지, 원전이 없어지면 그 공백을 무엇으로 채울 것인지, 세계적으로 앞서 있는 우리 원전 사업과 경쟁력을 어떻게 유지할 것인지, 통일 후에는 북한을 지원할 전력의 여유분은 어느 정도 가지고 있어야 하는지 등을 전문가들의 토론과 협의 거쳐 신중하게 검토하여 합리적 판단을 했어야 했다. 아무 대책 없이 대통령 말한 마디에 일단 공사를 중지해놓고 보자는 생각은 합리적이지 못한 유아적 발상이라고밖에 볼 수 없다.

다시 한 번 말하지만 중요한 정책들에 문제가 발생하면 찬성하는 사람과 반대하는 사람을 공개 모집해 테스크포스팀을 만들어서 공론화하고 토론을 통해 의견을 걸러내야 한다. 그러지 않으면 언론에 거짓 정보와 거짓 데이터들이 난무하게 되며 국민들은 혼란에 빠질 수밖에 없다. 그리고 설사 합의 과정이 늦어지더라도 그 과정을 유지해나가야 대통령이 바뀌어도 일관성 있는 국가정책이 지속될 수 있는 것이다.

국가는 대통령 혼자 의사결정을 해 운영하는 것이 아니고 합리적 의사결정 시스템에 의해 돌아가게 해야 한다. 정부가 할 일은 의사를 결정하는 것이 아니고 합리적인 의사결정을 할 수 있는 시스템을 만드는 것이다. 이런 합리적 의사결정 시스템이 없기 때문에 갈등이 증폭되어 사람들이 거리로 나와 데모를 하고 서로 날을 세우는 것이다.

이는 정부가 역할을 제대로 못하기 때문이다. 정부가 국가 시스템을 잘 갖추어 운영하면 여론도 잘 수렴할 수 있고 합리적 의사결정도 할 수 있으며 그런 과정을 거쳐 투명하게 결정된 사안에는 아무도 이의를 제기하지 못한다. 결국 화합과 국론 통일도 이룰 수 있는 것이다. 바로 이것이 소통의 정치다.

교육에서도 올바른 교육평등 개념을 재정립하고 불합리한 고교평준화 문제를 어떻게 해결해나갈 것인지, 세계의 선진 교육시스템과 경쟁할 수 있는 다양한 글로벌 교육시스템은 어떻게 만들 것인지에 대한 끊임없는 토론과 협의를 거쳐 우리의 교육시스템을 우선적으로 개혁해나가야 할 것이다.

모순적인
사학제도의 혁신

사학 재정결함 보조금의 모순

　　사립학교 운영 중 발생한 학교운영비 부족 재원을 정부에서 보전補塡해주는 금액을 '재정결함 보조금'이라고 한다. 말 그대로 사립학교의 학교 운영 재정이 부족하여, 그 부족분을 국가가 지원한다는 뜻이다. 이 제도의 모순을 파악하기 위해서는 먼저 사립학교의 재정이 왜 부족한지, 국가는 사립학교에 왜 지원을 하기 시작했는지 그 역사를 알아야 한다.

　　과거로 거슬러 올라가 중·고등학교의 평준화가 시작되기 전, 국가는 사립학교의 고유 권한인 수업료 책정권을 박탈하여 국·공립보다 많았던 수업료를 공립학교 수준에 맞춰 동결했고 이에 따라 사립학교의 재정 부족분이 필연적으로 발생하였다.

정부가 이 부족분만큼을 사립학교에 보전해주면서 재정결함보조금이라는 제도가 생겨났다. 국공립학교도 등록금만으로는 학교 운영비가 부족하여 국가에서 모두 보전을 하고 있다. 그러니 사립학교도 등록금만으로는 학교 운영비가 절대 부족할 수밖에 없다.

특히 사립학교에 더 많은 부족분이 발생하는 이유는 국공립학교는 모든 학교 건축과 시설 관리, 학교 운영회계를 교육청이 대신해주지만 사립학교는 자체적으로 모든 것을 수행하기 때문이다. 그런 이유로 정부가 학교 운영비 부족분만큼을 사립학교에 보전해주기 시작한 것이다. 따라서 국가에서 지원하는 사학의 재정결함 보조금은 결코 국공립학교에 비해 더 많은 것이 아니다.

사립학교의 비율이 지금보다 훨씬 높았던 시절(과거에는 사학이 70% 정도), 등록금 책정권을 가지고 있던 사학은 공립보다 더 많은 등록금을 책정하여, 국가의 지원 없이 학교를 운영했다. 지금의 사립 초등학교, 사립 특수목적고등학교와 자율형 사립고등학교가 일반 학교보다 더 많은 등록금을 책정하여 학교를 운영하는 것과 같다.

그러나 국가가 발전하면서 정부는 국·공립학교의 수준에 맞춰 사립학교 수업료의 평준화를 유도하고 강요하면서 재정적인 부족분은 모두 지원할 테니 협조해달라고 요구했다. 사립학교들은 국가 시책에 협조한다는 차원에서 동의하였고, 이때부터 지원금을 받게 되었다. 사실은 지원금이라기보다 국공립학교에 다니는 학생에게 들어가는 교육비만큼을 사립학교 학생들에게도 주는 것일 뿐이다.

그런데 국·공립학교에는 학교 운영비를 전액 조건 없이 지원하면서 사립학교에는 부족 재원 충당을 위한 일부 금액만 지원하고 있으면서도 '보조금'이라는 명칭을 사용하여 유독 사립학교에 큰 혜택을 주는 것처럼 보이게 하고 있다.

재정결함 보조금은 어디에 쓰이는 돈인가?

재정결함 보조금은 학교법인이 사용하는 것이 아니라 전액 교사 인건비와 학교운영비로 쓰인다. 참고로 사립학교 회계는 학교회계와 법인회계로 분리되어 있고 재정결함 보조금은 학교회계로 편입되어 있어 학교법인은 단돈 1원도 쓸 수가 없다.

국공립학교나 사립학교가 동일하게 국민의 교육을 담당하고 있기에 예산을 지원하고 국가가 마땅히 책임지는 것이 당연한데도, 대부분 무보수로 봉사하고 있는 사립학교의 이사장들에게 법정부담금이라는 것을 만들어서 납부하라고 강요하고 법정부담금을 납부하지 못하면 불이익을 주고 있다.

그 불이익은 사학에 다니는 학생들의 피해로 이어진다. 초·중등학교는 의무교육이고, 고등학교도 전체 운영비의 70% 정도가 지원되고 있어 30%만 추가 지원되면 무상교육이 이루어진다. 실제로

고등학교 무상교육이 거론되는 지금이다. 그런데도 과거 국가의 재정 부족을 이유로 국가가 국민교육의 책임을 사립학교에 떠넘겨놓고, 이제는 사학을 설립할 때는 없었던 법정부담금까지 만들어 사학법인에 요구하고 있다.

고교 의무교육 시작으로 발생하는 자율고 학생들의 불이익

정부는 2019년 하반기부터 고등학교에 무상교육을 시작한다고 한다. 그런데 자율형 사립고에 다니는 학생들은 제외한다고 한다. 자율형 사립고에 다니는 학생들도 다 똑같은 대한민국 국민인데 무상교육 혜택을 못 받게 된다는 얘기다.

이것은 말도 안 되는 불평등 정책이다. 일반고의 등록금 면제 금액만큼은 자율고 학생들에게도 똑같은 혜택이 주어져야 한다. 자율형 사립고는 과거 정부에서 하라고 장려를 해서 만들어진 학교이며, 한 학교당 일년에 5~60억 원의 국가 예산을 절약해주고 있다. 그런 학교를 정부가 바뀌었다고 차별하고 있는 것이다. 평등과 공평을 주장하는 현 정부의 정치철학에도 역행하는 처사이다.

국가는 응당 사학법인이 학교에 투자한 비용을 지불해야 한다.

이제 사학들은 민법 680조 위탁계약의 의무에 따른 위탁비용을 반드시 지불받아야 하고, 또 정부에 이를 요구해야 한다. 본말이 전도된 정책 시행과 사학의 희생과 헌신 위에 무임승차해온 국가는 이를 부끄럽게 생각해야 한다. 이는 세계 10위의 경제 대국에 걸맞지 않은 행태이다.

국가는 BTL 사업자들에게 연 6조 5천 억의 학교시설 사용료 및 관리비를 지불하고 있다. 반면 전체 학교 수의 40%가 넘는 1,970여 개의 사립학교 시설은 공짜로 사용하며 그간 수백 조의 예산을 아낄 수 있었음에도 이 사실은 모른 체한다. 초·중·고 무상교육 시대를 이루기에 앞서, 사립학교에도 BTL 사업자들에게 학교시설 사용료를 지급하는 것과 같이 정당한 위탁계약에 따른 학교시설 사용료를 지불해야 할 것이다.

그리고 '재정결함 보조금'이란 명칭도 '사학 운영 보전금'으로 바꿔야 하며 교육청에서 일방적으로 내주는 것이 아니라 학교에서 필요 금액을 요구하여 충당하는 것이 맞다.

이상과 같이 모순된 사학의 교육정책들이 자유민주주의 국가에서 아직도 시행되고 있으니 통탄할 일이다. 나라가 발전하려면 이러한 모순들이 하루 빨리 시정되어야 한다.

교육의
BTL 사업

사립학교법 제2장 학교법인 제1절 통칙 제5조 (자산)

1. 학교법인은 경영하는 사립학교에 필요한 시설, 설비와 당해 학교의 운영에 필요한 재산을 갖추어야 한다.

2. 제1항에 규정한 사립학교에 필요한 시설, 설비와 재산에 관한 기준은 대통령령으로 정한다(개정 64. 11.10).

위와 같이 사립학교가 최초 설립되는 경우 모든 부지와 시설은 학교법인이 부담하여 설립된다. 즉, 사립학교의 신설은 100% 학교법인의 재산 출연으로 땅을 사서 운동장과 교실 등 적정한 기준의 교육시설을 갖추어 개교하게 되는 것이다.

경북도청이 소재하는 중소도시에 30학급 규모의 학교를 하나 개교하는 데 필요한 비용은 대략 500억 정도로 예상된다. 신설 학교 설립에 드는 이 막대한 예산을 마련하기 어려운 국가는 이를 BTL 사업으로 전환하였다.

BTL 교육사업은 민간이 자금을 투자해 공공 교육시설을 건설하는 제도이다. 민간은 시설 완공 시점에 소유권을 정부에 이전하는 대신 일정 기간 동안 시설의 사용수익 권한을 획득하며, 민간은 시설을 정부에 임대하고, 그 임대료를 받아 시설 투자비를 회수한다. 즉 민간이 공공시설을 짓고, 소유권을 정부에 이전하고, 정부가 이를 임대해서 쓰는 민간투자 방식이다. 예를 들어보면, 구미시 소재 30학급 규모의 BTL사업으로 건설한 학교에 정부는 연간 9억 8천 만 원의 사용료를 20년간 지불한다.

숙명여대 송기창 교수의 보고서에 의하면 정부는 연간 약 6조 5천억 원의 BTL 사용료를 지불하고 있다고 한다. 고금리 시대에 건설한 시설에 대해서는 당시의 금리를 적용한 임대료를 지불하는 방법이어서, 해당 민간사업자들은 실로 엄청난 이득을 보고 있다.

그렇다면 1,970여 개의 기존 사립학교를 무료로 사용하여 공교육을 실시하고 있는 정부는 이제 정당한 시설 사용료를 지불하는 것이 마땅하다. 하지만 정부는 이를 외면하고 오히려 학교법인에게 교사 인건비 4대 보험료에 해당하는 법정부담금을 부담하라고 압박하

고 있다. 이는 자유민주주의 헌법에도 위배되는 행위이다. 교육의
BTL사업에 있어서도 올바른 이해와 평등한 정책 시행이 시급해 보
인다.

십 년 이상 교육현장에서 뛰고 있지만 나는 교육학자가 아니다. 여러 가지로 부족한 점이 많겠지만 그럼에도 불구하고, 우리가 그동안 잘못 알고 있었거나 추상적으로만 알고 있던 부분들을 바로잡지 못하면 나라의 교육을 바로 세울 수 없고 우리의 아이들이 미래의 지도자로 자라나는 데 걸림돌이 될 수밖에 없다는 갈급한 심정으로 집필했다.

공부가 '생각능력을 키우는 것'이어야 하듯, 교육도 '생각하는 교육' '다양한 교육'으로 바뀌어야 한다. 그러나 아이러니하게도 기존의 공교육은 뛰어난 사람을 키울 수 없도록 되어 있고, 뛰어난 사람은 공교육 기관을 벗어나야 역량을 키울 수 있다. 그 결과, 입시 위주의 획일적인 공교육을 받은 사람들이 공교육을 받지 않은 창의적인 사람들을 쫓아가기 급급한 시대가 되었다. 해외 유학이 많아진 이유도 다양한 사람들을 키워내지 못하는 획일적 우리 공교육시스템과 이념적 모순 때문이다.

교육은 정치, 경제 사회, 문화, 교육 중의 하나가 아니다. 우리 삶 전체의 기초를 다지는 일이며 자유민주주의 국가의 가치관을 만드는 작업이다. 이러한 토대 마련의 역할은 차지하고 사교육의 폐해가 가정의 재정적 부담뿐 아니라 사회적 병폐가 되어 있는데도 정부도 교육관계자들도 학원들만 탓할 뿐 근본적은 문제를 해결하지 못하고 있다. 우리가 교육을 왜 시키는지 다시 한 번 깊게 생각하고 변질된 교육을 바로 잡아야 할 때이다.

우리 교육의 문제를 알면서도 시정하려는 노력을 하지 않고 침묵한다면 역사에 죄를 짓는 것이며 결과적으로 우리 자녀들이 자존감과 자립심 있는 자유민주시민으로 자라날 기회를 빼앗게 되는 것이다. 교과부장관, 교육감, 대학 총장, 중고교 교장, 교육학자, 학부모 등의 교육 관계자들이 함께 모여, 교육 문제점들을 해결될 때까지 진지하고 집요하게 토론을 지속하여야 한다. 또한 정부는 그런 토론의 장을 만들고 귀를 기울여야 한다.

우리의 공교육이 국민들로부터 외면을 받지 않으려면 교육의 본질에 충실한 교육으로 거듭 태어나야 한다. 그리고 그에 대한 평가는 학생들의 손으로 이루어져야 한다.

2019년 가을, 대전 대신고등학교 1학년 학생들은 '대신고등학교의 핵심역량_{killer contents}'을 다음과 같이 정의했다. 진정한 '교육이 있는 학교'로 작지만 분명한 변화를 만들어가고 있는 유의미한, 어쩌면 유일한 자료라 생각되어 여기 소개한다.

모든 학생들에게 다양한 기회를 제공해주는 학교 _꿈과 끼를 펼칠 수 잇는 무한한 기회를 제공하는 학교
발표와 토론수업을 통해 생각능력과 창의력을 향상시키는 학교
진로 교육에 있어 탁월성(3년 간의 구체적 계획과 실행)을 가진 학교
좋은 학교시설을 갖춘 학교
따뜻한 선생님이 계신 학교
꼴찌도 행복한 학교 _9등급의 학생도 보살펴주는 학교

2019년 가을, 이강년

교육이 있는 학교
교육이 없는 학교

초판 1쇄 인쇄 | 2019년 10월 24일
초판 1쇄 발행 | 2019년 10월 30일

지은이 | 이강년
발행인 | 윤호권

임프린트 대표 | 김경섭
책임편집 | 정은미
기획편집 | 송현경 · 정상미 · 정인경
디자인 | 정정은 · 김덕오
마케팅 | 윤주환 · 어윤지 · 이강희
제작 | 정웅래 · 김영훈

발행처 | 지식너머
출판등록 | 제2013-000128호
주소 | 서울특별시 서초구 사임당로 82
전화 | 편집 (02) 3487-4750 · 영업 (02) 3471-8044

ISBN 978-89-527-4173-8 13370